N & K

Eveline Hasler

Stein bedeutet Liebe

Regina Ullmann und Otto Gross

Roman

Nagel & Kimche

1 2 3 4 5 11 10 09 08 07

im Carl Hanser Verlag München
Herstellung: Andrea Mogwitz und Rainald Schwarz
Satz: Satz für Satz. Barbara Reischmann
Druck und Bindung: Friedrich Pustet
Printed in Germany
ISBN 978-3-312-00397-6

I

«Unter meinen Geschichten
ist eine andere Geschichte verborgen.»
Regina Ullmann

1

Ende September 1906, als die sommerliche Witterung umschlug und durch die Straßen von Schwabing ein kühler Wind blies, saßen die Frauen Ullmann oft im Café Stefanie, das der Volksmund spöttisch «Café Größenwahn» nannte, das Lokal an der Ecke Theresien- und Amalienstraße wurde besonders von Künstlern und Literaten aufgesucht. Unter den vielen herausgeputzten, extravaganten Gästen fielen die beiden Frauen auf durch ihr bescheidenes Äußeres, die Mutter in dunklen Röcken, als komme sie eben von einer ländlichen Beerdigung, die Tochter blass, hölzern, in einem nie in Mode gewesenen geblümten Kleid. Die beiden erschienen meist schon am späten Nachmittag und setzten sich an einen der Marmortische im unteren Teil des Cafés, von hier aus ließ sich der obere, größere Raum überblicken mit den Billardtischen und dem auf einem Podest stehenden Tresen.

Während die ältere der Frauen nicht ungern mit den Nebentischen Gespräche anknüpfte, war die jüngere schweigsam und verlegte sich ganz aufs Beobachten. Von ihrem Platz aus sah sie die Neuankömmlinge, die, hatten sie einmal die äußere Glastür hinter sich zugezogen, mit kräftigen Armbewegungen den schweren ledernen Friesvorhang zu teilen versuchten wie Schwimmer, die von der zugigen Straße weg schnell an ein rettendes Ufer gelangen wollten. Hatten sie es geschafft, schlug den Stammgästen warme, heimatliche Kaffeehausluft entgegen, es roch nach den modrigen roten Plüschpolstern, nach Kaffeedampf und Tabakrauch. Abend für Abend zeigten sich dieselben Gäste, die Tochter erkannte sie und nannte sie im Stillen beim Namen, beobachtete, wohin sie sich setzten, mit wem sie sprachen, so saß sie in sich gekehrt und nahm doch an allem teil.

Je weiter der Abend fortschritt, desto mehr füllte sich das Café mit Gesprächsfetzen, ein summender, rauchgeschwängerter Kontinent. Der Mutter bekam die von grauen Schwaden erfüllte Luft nicht, doch es gab keinen besseren Ort, um ihre zur Literatin geborene Tochter in die Gesellschaft der Künstler und Intellektuellen einzuführen. Schnell war man in Gespräche verwickelt, denn viele kamen hier täglich vorbei, um Dampf abzulassen, sie schimpften über die kalte, aus dem Norden strömende Zugluft der wilhelminischen Ordnung, über das Bismarck-Berlin, das auch im freiheitlichen München immer mehr Sympathisanten gewann: Beamte, Politiker und Philister.

Die Mutter freute sich, wenn an den Schachtischen aus dem Tabakrauch die Köpfe stadtbekannter Persönlichkeiten auftauchten. Roda Roda zum Beispiel, den man an seiner roten Weste und an dem Monokel erkannte, er spielte heute eine Partie gegen Gustav Meyrinck, und drüben brütete der Verleger Karl Wolfskehl über seinen Figuren, ihm gegenüber Erich Mühsam mit seinem rötlichen Revoluzzerbart.

Die Frauen der Boheme hatten kein Sitzleder für das Schachspiel, die Schauspielerinnen mit ihren Verehrern zogen die langen Tische in der Nähe der Theke vor, während andere Damen, die Soubrette Emmy Hennings zum Beispiel, sich lieber, da und dort ein paar Worte wechselnd, von Tisch zu Tisch bewegten, Emmy mit dem hübschen Pagenkopf in ewig gleicher, kühner Aufmachung: im glänzenden Herrenjackett und in violetten Strumpfhosen. Sehen und gesehen werden: Zu den auffälligen Schönen gehörten auch die Puppenmacherin Lotte Pritzel, die Gräfin Reventlow, das Modell Marietta.

Während der letzten Tage war die junge Ullmann mit Kopfschmerzen und leichtem Fieber zu Hause geblieben. So war die Mutter allein an ihrem Tisch gesessen und hatte Bekanntschaften geknüpft, denn es galt, was die begabte Tochter betraf, keine Zeit zu verlieren. Ein Glücksfall, dass vorgestern die elegante und gebildete Else Jaffé sich am Nebentisch niedergelassen hatte. Für Frau Ullmann war die Jaffé unter den vielen halbseidenen weiblichen Stammgästen des Cafés die gediegenste Erscheinung: Als erste Frau hatte sie 1901 bei Max Weber in Volkswissenschaft promoviert, der Staat Baden ernannte sie daraufhin zur Gewerbeinspektorin mit der Aufgabe, die Rechte der Fabrikarbeiterinnen zu schützen. Dann folgte ihre Verehelichung mit Edgar Jaffé, Professor in Heidelberg und Herausgeber des Archivs für Sozialwissenschaft und Sozialpolitik, Spross einer reichen jüdischen Kaufmannsfamilie. (Frau Ullmann ließ denn auch im Gespräch einfließen, sie sei Witwe eines jüdischen Textilkaufmanns aus dem österreichischen Hohenems, seine Geschäfte habe er in St. Gallen mit den Stickereien gemacht.) Von der schriftstellernden Tochter war sehr bald die Rede, und die Jaffé hatte darauf bestanden, die von Frau Ullmann erwähnten Prosastücke zu lesen, die in der Sonntagsbeilage des *St. Galler Tagblatts* erschienen waren, ja, gerne auch die erst im Entwurf vorliegende kleine dramatische Dichtung mit dem Titel *Feldpredigt*.

Schon am folgenden Tag kam Else Jaffé auf die Texte zu sprechen. «Ein eigenartiges Talent, Ihre Tochter, Frau Ullmann. Besonders das noch unveröffentlichte Schauspiel hat mich bewegt. Sagten Sie nicht gestern, dass Ihre Regina es zur Beurteilung an den Dichter Rilke schicken will?»

«Das war meine Idee.» Die Mutter lächelte.

«Rilke ist wohl der geeignete Mann, um dieses Talent zu werten», stimmte die Jaffé zu.

«Meine Tochter ist scheu. Sie braucht Antrieb von außen», bemerkte die Ullmann.

«War sie denn schon immer so? Ich meine, schon als Kind?», erkundigte sich Else Jaffé und fügte hinzu: «Ich habe selber zwei Kinder, wissen Sie, und ich frage mich immer, wie weit Verhaltensmuster schon in der Kindheit angelegt werden.»

«Ja, schon ganz früh hat sich dieser Charakter gezeigt», bestätigte die Ullmann. «Regina war ein seltsames Kind, eingesperrt in einer eigenen Welt.»

Am Abend in der Wohnung an der Fendstraße erwähnte die Mutter das Gespräch mit der Jaffé. «Sie wollte wissen, wie du als Kind warst, Rega. Hast du denn noch viele Erinnerungen an jene Zeit?»

«Ach, ist sie denn schon vergangen?», fragte Rega und lächelte.

2

Die Mutter mit ihren Witwenkleidern verdunkelte die Räume der Kindheit. Doch die kleine Regina verstand es, sich im Schatten des Muttergebirges ein eigenes Reich zu schaffen: Gleichsam im Feindesland war da ein magisch geschützter innerer Kreis. Denn für ein Kind ist es wichtig, dass niemand wirklich Macht über es hat, auch wenn es sich um des Friedens willen den befehlenden Stimmen fügt.

1884 war Regina als zweites Töchterchen des jüdischen Stickereifabrikanten Richard Ullmann in St. Gallen zur Welt gekommen. Der Vater stammte aus einer Arztfamilie aus Hohenems in Vorarlberg. Als junger Mann – Fotos aus jener Zeit zeigen ihn mit dunklem Bart und ausdrucksvollen Augen – entwickelte er ungewöhnlichen Idealismus und heftige Abenteuerlust, mit zwanzig reiste er in die Vereinigten Staaten von Amerika, wo er im Sezessionskrieg gegen die Sklaverei kämpfte. Nach seiner Rückkehr suchte er wie viele Vorarlberger sein Auskommen in der Stickereibranche, nach der Heirat mit einer Ulmer Fabrikantentochter zog er nach St. Gallen, wo er vom Aufschwung der St. Galler Stickerei zu profitieren hoffte.

Kurz hintereinander wurden dem Paar zwei Töchterchen geboren: erst Helene, dann, 1884, Regina. Die Geschäfte liefen zur Zufriedenheit, ein Jahr nach Reginas Geburt bezog die Familie in St. Gallen an der Gallusstraße ein neuerbautes Wohn- und Geschäftshaus.

Das Kontor des Vaters befand sich neben den Privaträumen, und in einer ihrer frühesten Erinnerungen sah sich Regina durch den Flur und die unverschlossene, aber den Kindern verbotene Tür gehen, sie betrat das Reich der langen Tische mit den Stoffmustern, es roch nach frischer Baumwolle und Appretur, sie sah Weißbesticktes und Rosafarbenes in Lochstickerei, am Pult, hoch aufgerichtet, den Blick in seinen Bestellbüchern, der Vater.

«Papa!»

Die dünne Stimme holte den väterlichen Blick von weit her zurück, erstaunt sah er hinunter auf den Lockenkopf der Dreijährigen, die jetzt ihre Puppe hochhielt und um Stoffcoupons bettelte für Kleidchen. Hinterher kam durch die offene Tür eilig die Magd, sie knickste vor dem Pult, entschuldigte sich, jammerte über das eigenwillige Kind und zog es, obwohl es lauthals schrie, mit sich fort. Der Vater hatte alles stumm geschehen lassen, doch abends brachte er eine Schachtel, aus der die wunderbarsten Stoffmuster quollen, weißer, vanille- und bonbonfarbener Organza, die beiden Puppenmütter wühlten und schwelgten in den Gaben.

An Herbstwochenenden trug der Vater einen Jagdanzug, die Mädchen bestaunten ihn, nun konnten sie auch glauben, dass er einmal in Amerika gekämpft hatte für die armen, rechtlosen Schwarzen. Als Rega vier Jahre alt war, herrschte nach einem Jagdwochenende große Aufregung, Vater war im Gebirge unerwartet von einem frühen Wintereinbruch überrascht worden, die Schutzhütte konnte er im dichten Schneerauch nicht erreichen, nach einer kühlen Nacht im Freien kam er bis auf die Haut durchnässt nach Hause. Danach lag er fiebernd im Schlafzimmer, der Arzt kam, es roch nach Medizin, im Elternzimmer blieben die Vorhänge zugezogen. Den Kindern war es verboten, herumzulaufen und laut zu sprechen. «Still, Kinder», mahnte die Magd, «euer Vater hat eine Lungenentzündung.» Die Mutter hielt sich von den Kindern fern und wachte am Krankenbett.

Am dritten Tag seiner Krankheit, die Kinder spielten ruhig am Tisch, erschien die Mutter mit blassem Gesicht und sagte: «Kinder, jetzt ist euer Vater tot.»

Helene begann zu weinen, Regina hingegen erstarrte, vor Schreck fiel ihr die Puppe aus der Hand, sie blieb tränenlos, erfüllt von einer düsteren Ahnung, dass etwas Endgültiges, Unwiderrufliches passiert war.

Die Mutter musste sich, so jung sie noch war, in die Rolle der Alleinerziehenden fügen. Wohl um sich im Haus und in der Welt Autorität zu verschaffen, trug sie üppige schwarze Rüschenkleider und Hüte von gewaltigem Aufbau, so wuchs die schon von Natur aus große und stattliche Frau zu imponierender Fülle. Aus unerfindlichen Gründen ließ sie sich von ihrem Dienstmädchen und bald auch von ihren Bekannten «Frau Augsburger Rat» nennen.

Das ältere Töchterchen gedieh, es hatte ein offenes, freundliches Wesen, alles lief glatt, wie von selbst. Regina hingegen schien in ihrer Entwicklung stillzustehen, sie lachte selten, sprach kaum, zog sich von Spielkameraden zurück in eine eigene Welt.

Die Räume des Hauses an der Gallusstraße waren lichtlos, auf der Gegenseite der gekrümmten Straße nahmen andere Häuser die Sicht. Die noch junge Wittfrau liebte es, draußen das Licht zu suchen, vor dem Spiegel im Flur kleidete sie sich für den Ausgang an: ein schwarzer Taftrock, darüber ein weiter Radmantel, ein hoher Hut aus schwarzem Filz.

«Komm Rega, mach dich bereit, wir wollen in die Stadt ... Nein, nimm den besseren Mantel ... Ach, du Dummerchen, du hast die Knöpfe nicht der Reihe nach geschlossen!»

Das Kind knöpfte den Mantel nochmals mit ungelenken Fingern auf, um keinen Knopf zu verpassen, stellte es sich nun auch vor den Spiegel, seine Augen verdunkelten sich angstvoll.

Draußen schien eine blasse Frühlingssonne, Mutter und Tochter gingen an den Vorgärten mit den gusseisernen Zäunen entlang, wo sich die ersten scheuen Blümchen zeigten. Das Stöckchen, das die Mutter immer bei sich trug, begleitete mit einem klöppelnden Geräusch jeden Schritt. Die wuchtige Klosterkirche, nur einen Steinwurf weit von der Gallusstraße entfernt, scharte die Häuser um sich wie Küken. Aus der Apotheke in der Nähe des Klosterbezirks trat die junge Besitzerin.

Frau Ullmann blieb stehen. «Gib die Hand, Rega.»

Rega reichte die Hand.

«Sag schön ‹Grüß Gott›.»

«Grüß …» Das nächste Wort blieb im Hals stecken.

«Weiter!» Die Mutter schlug mit dem Stöckchen auf den Boden, als sollte da in der Wüste eine Quelle springen.

Doch der töchterliche Mund blieb trocken.

«Also, kommt es?»

Das Kind stand steif mit rotem Gesicht und würgte, als müsse es an dem erzwungenen Wort ersticken. Da lösten sich endlich ein paar stotternde Silben.

«Ach, verzeihen Sie», sagte die Frau Rat zu der Apothekerin, «ich werde nicht klug daraus, ist es Verstocktheit? Oder ist das Kind behindert? Glauben Sie mir, meine erstgeborene Tochter, die Helene, nur gut ein Jahr älter, ist gerade das Gegenteil, die muss man im Reden bremsen.»

«Rega wird es auch noch lernen, Frau Rat», sagte die Apothekerin. «Sie scheint mir scheu zu sein.»

Frau Ullmann zog Rega weiter, zielstrebig, durch einen engen Durchlass gelangten sie in die Geschäftsstraße. Aus der offenen Tür der Metzgerei roch es nach Bratwürsten.

Die Tochter hasste diese Gänge. Wann immer es ging, blieb sie lieber im kleinen Garten hinter dem Haus. Die Steinmauer stand verwittert im Schattenband, hier kamen der Wortlosen die Wörter zu Besuch. Rega liebte es, den Modergeruch einzuatmen, Wörtern nachzusinnen, sie langsam mit den Lippen zu formen, sie hauchend auszusprechen gegen das moosige, geduldige Mauerband.

Die Wörter waren scheu, wie Vögel flogen sie an, wurden langsam zutraulich, handzahm, setzten sich auf Regas Schultern. «Wir wollen zusammen das Geschichtenspiel machen, hörst du, Rega?» Die Wörter kicherten, reichten einander die Hände, jetzt hatte sie kleine Sätze geformt. Dies alles geschah lautlos. Nur ein Hauch wehte über die eben aufgeblühten Narzissen, zwischen den Blumenstängeln webte sich ein Geschichtentuch zart wie Spinnweb.

Kam die Mutter von ihrem Einkauf zurück, zerrissen ihre raschelnden Röcke das Gespinst. «Du stehst immer noch da, was tust du, Rega?»

Kleine rote Käfer wohnten in den Löchern der Mauer, mit denen das Kind gerne spielte.

«Pfui Rega, ekelhaft, wasch dir die Hände!»

Juni und Juli wurden heiß, Helene, die große Schwester, wollte baden gehen. So stieg man zu dritt am Steilhang die unzähligen Treppen hinauf. Links und rechts auf der Wiese blühten Margeriten und rosa Lichtnelken. Auf dem Hügel lagen die drei Weiher, ein Mannen- und ein Frauenweiher, der dritte war für die Fischzucht reserviert. Der Waldsaum oberhalb der kleinen Seen lud zum Spazieren ein, auf der Wasserfläche zitterte das Bild der schlanken grünen Tannen.

Rega folgte der Schwester in eine der hölzernen Ankleidekabinen, es roch in dem engen Kabäuschen nach Holzbeize. Rasch entledigte sich Helene ihrer Kleider, stand schon da im marineblauen Badetrikot mit den neckischen Puffärmeln.

«Mach schon, Rega, was bist du langsam.»

Endlich war auch Rega so weit. Während die ältere Schwester sich schon im Wasser vergnügte, blieb die jüngere an der Böschung sitzen. Das dunkle Wasser war ihr nicht geheuer. Sie sah lieber den Libellen zu, den Mückenschwärmen und tanzenden Lichtern. Hin und wieder ging ihr Blick hinüber zur Schwester, die jetzt mit bläulichen Lippen zwischen den Seerosen schwamm, das Wasser wurde im Voralpenklima auch im Sommer nie ganz warm.

Mutter Ullmann hatte nur die Schuhe ausgezogen, sie saß auf einer der Bänke und häkelte. Ohne ihre Arbeit zu unterbrechen, konnte sie mit promenierenden Bekannten sprechen, die Nadel in der Hand tanzte weiter: Luftmaschen, eine zarte Umrahmung des Nichts.

An den langen Abenden pflegte die Mutter neben dem Dienstmädchen aus Oberösterreich Spitzen auf Nachthemden und Unterhosen zu nähen. «Ach, die Frau Rat ist immer noch ein bisschen kokett», hatte das Mädchen lächelnd gesagt, «sie ist ja auch noch jung!» Dass Jugend und Schönheit der Frau so unbemerkt verblühen mussten, sprach sie nicht aus, obwohl sie, oft die einzige Gesellschaft der Dame des Hauses, sich Vertraulichkeiten erlauben durfte. Die Kinder sahen diese verzierten Wäschestücke an der Leine, wo sich die Beinkleider im Föhnwind bewegten und die Spitzenärmel im Luftzug ruderten, als bewegten sich da Gespenster.

An den Sommerabenden, wenn sich die Stadthügel, sie hießen euphorisch Rosen- und Freudenberg, im Abendlicht verfärbten, durften die Kinder nach dem Abendessen nochmals hinaus. Während die große Schwester gerne mit den Nachbarkindern in der Gasse spielte, blieb Rega im Garten. Manchmal saß da eine Kröte auf der vom Sprengen feuchten Erde, sie blickte Rega an mit goldgesprenkelten Augen, Rega unterhielt sich mit ihr. Sie, die Wortkarge, stand da und bewegte die Lippen, Wort um Wort stieg wie eine schillernde Seifenblase auf und blieb noch eine Weile im dämmrigen Himmel hängen.

Die Nachbarin sah das Kind mit sich selber sprechen. Einmal sagte sie über den Zaun zu Frau Ullmann: «Ein eigenartiges Mädchen, die Rega. Es hat das schmale Gesicht und die leidenschaftlichen Augen Ihres verstorbenen Gatten. Gleicht es ihm auch charakterlich?»

«Mag sein», sagte die Ullmann.

Rega konnte sich, obwohl sie bei seinem Tod erst vier Jahre alt gewesen war, gut an den Vater erinnern, vor ihrem inneren Auge trug er noch immer seine Jagdkleidung. Als Kinder hatten Rega und Helene ihn, den Jäger, bewundert und geglaubt, genau in dieser Aufmachung habe er im fernen Amerika für die Negersklaven gekämpft.

Frau Ullmann hingegen war es immer so vorgekommen, als sei der Jäger ein anderer als der Textilkaufmann am Stehpult des Kontors. Er erschien ihr als Doppelgänger, der grün gewandet, mit verwegen geschultertem Gewehr, in die Berge zog. Als der Doppelgänger in einer Sturmnacht erschöpft zurückkam, bald mit hohem Fieber das Bett hütete und bald darauf verschied, wartete sie immer noch auf den echten Ehemann, den gewissenhaften, gesitteten Kaufmann. Vergeblich.

«Ach, wundere dich nicht», hatte nach der Beerdigung seine Schwester zu ihr gesagt, «es hat doch heimlich immer in Richard gebrodelt, mit zwanzig hat es ihn ins Abenteuer nach Amerika gezogen!»

Eine alte Geschichte. Frau Ullmann hatte sie immer weggewischt. Was kümmerten sie diese Jugendwirren, sie war die Gattin des erfolgreichen Textilkaufmanns. Die Stickereien, die er in seinem Betrieb für den Export ausrüsten ließ, reisten jetzt an seiner statt über den Ozean. St. Galler Stickerei war in den Vereinigten Staaten in Mode gekommen, von dort floss Geld zurück in die Stadt, die sich zur Jahrhundertwende im neuen Baustil herausputzte, im Bahnhofsviertel entstanden Gebäude, stattlich und prächtig wie in Amerika, sie hießen ‹Union›, ‹Oceanic›, ‹Washington› oder ‹Atlantic›. St. Gallen, zur Zeit der Stickereiblüte ein kleines New York.

Die Mutter mochte Spitzen und schöne Stoffe. Zur Karnevalszeit schneiderte sie den Kindern Kostüme. Regas Rotkäppchenkleid musste anprobiert werden, da es Helene im Jahr zuvor getragen hatte. Die Mutter rief Rega zur Anprobe vom Garten herein, das Kind kam langsam und unwillig, denn es hatte eben im Blumenbeet gekniet und eine Spinne gerettet.

«Mach dich nicht immer schmutzig, Rega. Zieh schnell dein Kleid aus.»

Das Kind steht nun im Hemdchen, die Mutter beginnt, den Stoff am mageren Kinderkörper abzustecken. Als die Mutter sich hinkniet, packt Rega die Angst, die Mutter habe sich in den bösen Wolf verwandelt, weil sie sich im dunklen Kleid auf allen vieren am Boden bewegt, im Mund die Stecknadeln.

Das Muttertier kommt näher. Rega spürt auf der bloßen Haut seinen schweren Atem. Da wird Rega energisch am Arm gepackt, die Mutter gibt einen dumpfen Laut von sich, da sie der Stecknadeln wegen nicht sprechen kann.

Am nächsten Tag wird Rega in das Rotkäppchenkostüm gesteckt. Bevor sie das Haus verlassen, zupft die Mutter noch ein bisschen an den Puffärmeln, legt ihr einen roten Umhang um die Schultern, drückt ihr ein Henkelkörbchen in den Arm.

Eine Fabrikantengattin am Rosenberg erwartet sie zum Tee. Das neu errichtete Haus steht wie ein Schloss zwischen hohen Pappeln. Rega bestaunt die Türmchen, die Zinnen und das Treppengeländer aus rötlichem Sandstein.

«Komm schon, Rega.»

Beklommen folgt sie in ihrem unbequemen Umhang der Mutter die Stufen hinauf, unter der Tür nimmt ein Dienstmädchen Frau Ullmann das Pelzcape ab.

Im Salon sitzen die Damen auf brokatbezogenen Stühlen, einige tragen, weil es ja ein Karnevalstee ist, kleine Hütchen und bunte Schals, auch ein paar Kinder sind da, die nach den Süßigkeiten auf der Anrichte schielen.

Die Dame des Hauses neigt sich vor: «Setz dich zu mir, Rega.» Sie zupft mit den von Diamanten geschmückten Fingern an Regas Glockenrock. «Ja, komm schon. Oder hast du vielleicht Angst vor dem Wolf?»

Rega lächelt nicht, ihre Augen haben sich geweitet.

«Sag, hast du Angst?»

«N-n-nein.»

Man lacht.

Das verschüchterte Rotkäppchen hängt verloren auf einem der viel zu großen Stühle, man reicht ihm die Schale mit den Süßigkeiten. Kaum hat es ein trockenes Mandelgebäck verdrückt, beginnt eine andere der Damen zu fragen, das Kind öffnet verquält den Mund, beginnt zu stottern, vom letzten Bissen stiebt etwas Mehlstaub in die Luft.

Der Fragenden geht die Geduld aus. Mit einer heftigen Kopfbewegung, die ihr das rote Karnevalshütchen in die Stirn gleiten lässt, wendet sie sich an die Ullmann: «Kann denn Ihr Töchterchen nicht sprechen?»

Und die Dame mit dem türkischen Turban doppelt nach: «Ihre Rega ist doch gleich alt wie meine Dora, dann gehen die beiden wohl zusammen im Frühling in die erste Klasse?»

Frau Ullmann errötet. «Meine Jüngere ist, im Gegensatz zu der Älteren, etwas langsam. Aus diesem Grund gebe ich sie in eine Sonderklasse, dort wird sie eher gefördert.»

«Aha, ich verstehe.»

Blicke kreuzen sich, nun weiß man Bescheid.

3

Die junge Ullmann hatte darauf bestanden, an diesem Abend zurück zu sein im Café Stefanie. Noch fühlte sie sich vom Fieber und von den Kopfschmerzen der letzten Tage geschwächt, und das Lokal, das sich wie immer am Wochenende stetig füllte, kam ihr vor wie ein Schiff bei hohem Seegang. Es schlingerte, der Lärmpegel stieg. An vielen Tischen wurde hitzig über Kunst und Revolution debattiert, das konnte sich noch lautstark hinziehen bis weit nach Mitternacht, denn das *Stefanie* war eines der wenigen Münchner Lokale mit einer Dreiuhr-Konzession. Diese Wortgefechte, diese erhitzten Diskussionen, an denen sie sich nie beteiligte, hatte Rega vermisst. Sie, die Stumme, saß mit abwesendem Blick neben ihrer Mutter, berauscht von den Gesprächsfetzen, inmitten der Wortgischt.

Neue Gäste arbeiteten sich durch den Friesvorhang, sahen sich nach einem freien Platz um, das Lokal war nun brechend voll. Man trank sich zu, da und dort wurde nach der Bedienung geschrien, obwohl die Kellner mit ihren hoch über die Köpfe gestemmten Tabletts ihr Bestes gaben. Einige Damen hatten sich darauf spezialisiert, sich die immer enger werdenden Pfade entlangzuschlängeln, Lotte Pritzel zum Beispiel, die der Dichter Erich Mühsam «das Puma» nannte. Sie hatte einen knabenhaften, geschmeidigen Körper, der immer wieder auftauchte, sich zwischen den Tischen hindurchwand, das Puma setzte Samtpfoten auf im Savannengras.

Rega saß da neben ihrer Mutter mit halb gesenkten Lidern. Sie war aber nicht schläfrig, sondern höchst aufmerksam, nahm jede Bewegung der Pritzel wahr, verschmolz mit der beobachteten Person, wurde selbst «das Puma», das eben am Schachtisch Erich Mühsam anschlich, ihn von hinten ansprang, ihm die Augen zupresste und den Nacken küsste.

Er schaffte es, sich zu befreien. Lachte. Gab die Küsse zurück.

Er liebt Frauen, dachte Rega, er ist hungrig nach Küssen. Doch Glück bei den Frauen scheint er nicht zu haben, jede, die bei ihm auftaucht, ist auch gleich wieder fort!

Tatsächlich, die Pritzel saß schon zwei Tische weiter auf den Knien eines jungen Matrosen. So blieb Rega auf Distanz und in Gedanken bei Mühsam, kraulte seinen rötlichen Bart, blickte auf das Schachbrett, auf dem der Verleger Wolfskehl gerade einen Zug tat.

Später wandte sie ihre Aufmerksamkeit Else Jaffé zu, die neben ihrer Schwester Frieda Weekly stand. Die beiden Töchter aus dem preussischen Offiziersgeschlecht von Richthofen waren in jeder Beziehung verschieden: Else eine klassische Schönheit mit harmonischen Gesichtszügen, südländischem Schnitt der Augen, Frieda Weekly mit einem herzförmig zugespitzten, kindlichen Gesicht, Schalk um die Augen, einem sinnlichen Mund. Frieda war seit einigen Wochen in München auf Besuch, ihren Gatten und die zwei Kinder hatte sie im englischen Nottingham gelassen, wo Weekly Hochschullehrer war.

Die Richthofen-Schwestern schienen je auf ihre Art den Männern zu gefallen, einer der Verehrer, Dr. Gross, habe sich nicht entscheiden können, nun liebe er eben gleich beide.

Gerüchte, Geschwätz. Auch das gehörte zum *Stefanie*.

Welche gefällt mir besser, überlegte Rega. Else, die ernster ist, Ruhe und Intelligenz ausstrahlt? Frieda, die mehr Vitalität hat, mehr Geheimnis? Zu all den Personen, die Rega beobachtete, baute sie ein geheimes Verhältnis auf. Sie wurden zu ihrer eigenen Welt, zu der nicht nur Männer und Frauen, sondern auch Pflanzen und Tiere gehörten. Warum bin ich geboren worden?, dachte sie. Mein bisschen Lebenskraft geht ein in andere, ich glaube sie besser zu kennen als mich selbst. Meine Lebensessenz hätte verteilt werden können, ein bisschen an den, ein bisschen an die. Nur schreibend spüre ich mich. Wenn ich schreibe, kann ich bei dem sein und bei jenem und bin doch ich selbst. Ein Trost, zu spüren, dass es mich trotz allem geben muss, denn als Schreibende gehen alle diese Lebensfäden durch mich.

Schon früh war Rega bewusst geworden, dass Schreiben zu ihrem Leben gehörte. Die Sonderschullehrerin hatte sie damals auf diese Spur gebracht, ihre kleinen schriftlichen Arbeiten gelobt. «Du bist langsam, brauchst länger als andere, aber dann ist alles tiefer erfasst. Schön, wie du das beschreibst.»

Oft stand sie hinter dem Kind, das Mühe hatte, so schnell und lesbar wie die anderen die Buchstaben zu setzen, auf der Schiefertafel oder im Heft wurden die G und H zu Ziegen, fraßen unter den vorgegebenen Linien durch oder streckten ihre Hälse zu hoch. «Nochmals, Rega.» Während die Lehrerin sich über das krakelige Schriftbild beugte, legte sich ihre Hand auf Regas Rücken, das gab ein wunderbar warmes Gefühl, dem Rücken wuchsen kleine Flügel. Sie halfen Rega, Antworten zu geben, die die Lehrerin erstaunten. «Weißt du, dass du klug bist, Rega?»

Die Lehrerin war selbst einmal ein langsames Kind gewesen, sie machte Rega Mut und förderte sie. Manchmal machte sie kleine Spiele. So versprach sie der Klasse für die beste Arbeit einen in goldenes Stanniol eingefassten Griffel, den die kleine Rega, die unbedingt den goldenen Griffel besitzen wollte, zur Freude der Lehrerin gewann. Bald konnte die kleine Rega in der normalen Schule mithalten. Die Mitschüler belächelten zwar ihre Langsamkeit, doch die Aufsätze versetzten die Lehrer in Erstaunen.

4

An diesem Abend im Café Stefanie merkte Rega nicht, dass auch sie beobachtet wurde. Oben, bei den Billardtischen, stand neben Else Jaffé der vielbewunderte Dr. Gross. Er, der Psychiater, sah sie im Schatten des Muttergebirges sitzen. Er bemerkte die Verlangsamung ihrer Bewegungen, das eingefrorene Lächeln. Sie muss gleichsam in ihr eigenes Wesen zurückgeführt werden, dachte er.

Else Jaffé hatte seine Blickrichtung erraten: «Ja, die Tochter Ullmann, eine seltsame junge Frau», sagte sie, «ich habe bemerkenswerte Prosastücke von ihr gelesen. Gestern habe ich mich mit ihrer Mutter unterhalten.»

Gross war klargeworden, dass er sich für diese junge Person interessierte, mehr als für alle anderen, die ihm im *Stefanie* nachliefen, um von ihm analysiert zu werden, weil es in Mode gekommen war. Mit einem Blick erkannte er die Art ihrer Abhängigkeit. Wollte er sich der Tochter nähern, musste er erst die Mutter gewinnen.

«Bitte, stell mich den beiden vor», sagte er zu Else. Er war jetzt sehr unruhig geworden, ging auf und ab und griff schließlich nach der Tüte mit dem Pulver.

«Du schnupfst in letzter Zeit zu viel», rügte die Jaffé. «Es wird dir schaden.»

Gross lächelte abwesend: «Du weißt doch, mein Lehrer Freud hat sich begeistert über Kokain geäußert, sogar seiner Braut hat er kleine Dosen geschickt, um sie zu stärken, wie er sagte. Hast du nicht auch seine Schriften über Kokain gelesen?»

«Seit der Niederschrift dieser Aufsätze sind Jahre vergangen», gab sie zurück. «Freud hat seinen Enthusiasmus für Kokain, seiner schlechten Erfahrungen wegen, später bereut.»

«Ja, man ändert seine Ansichten», sagte er abwesend. Er hatte die Tüte geöffnet und in jedes Nasenloch von dem weißen feinen Pulver gestopft, feiner Schneestaub blieb auf seinem Anzug hängen.

Else klopfte die Stäubchen mit der Hand weg. «Du nimmst auch zusätzlich Morphin, nicht wahr?»

Er hatte jetzt den Gesichtsausdruck eines gerügten Schuljungen. «Ja», sagte er, «es geht nicht anders, ich habe die Dosen steigern müssen, ich bin gegenwärtig zu unruhig.»

«Und eine Entziehungskur? Wie voriges Jahr in Ascona? Du hast dich, in Vorfreude auf Friedas Kind, von deinen Gewohnheiten befreit. Nun ist der kleine Peter noch kein Jahr alt, und du steckst wieder tiefer drin als zuvor.»

Er schwieg bekümmert.

«Ach, Otto», sagte sie in zärtlichem Ton. «Nun, wo du demnächst wieder Vater wirst, könntest du dich nicht für das neue Kind bemühen?»

Er küsste sie, streichelte ihren Bauch. «Wann kommt es?»

«Es wird wohl ein Christkind.» Sie lächelte versonnen.

Neben Else trank er an der Theke eine Tasse Kaffee. Er spürte nun, als habe er Kannen von Kaffee getrunken, den Einfluss des Pulvers, es bündelte seine Energien, machte ihn luzid und tatkräftig. Diese Wirkung versöhnte ihn wieder mit der Droge. Offenbar war von außen noch kaum etwas von einem Schaden wahrzunehmen, für die Gäste im *Stefanie* war der stets schnupfende Seelenarzt auch noch 1906 ein Magier, der Herr der kristallinischen Wolke: Er blicke in das Innere des Menschen, erkenne versteckte Motive, Blockierungen, Maskeraden.

Doch die Droge schärft auch die Selbstkritik. Für Otto Gross ist die Erkenntnis peinvoll, dass er in einer Zwickmühle sitzt: Er benötigt Kokain, um loszukommen von der väterlichen Autorität, und wird durch die Unsummen, die dieser Konsum verschlingt, immer abhängiger von den Geldsendungen des Vaters. Als Arzt weiß er um den voranschreitenden Zerfall seines Geistes und Körpers. In immer schnellerem Rhythmus sinkt die Wirkung. Oft lässt ihn sein Gedächtnis im Stich. Er bricht in lästiges Schwitzen aus. Empfindet Unruhe. Blutstau in der einen Gesichtshälfte. Kokain muss in der Dosis erhöht und mit anderen Drogen kombiniert werden.

Doch noch ist der Psychoanalytiker, der die Methode Freuds bewundert, für viele der interessanteste Gast des Cafés. Seine Ideen von der erotischen Befreiung und der Rückkehr zum Mutterrecht im Sinne des Schweizers Johann Jakob Bachofen finden nicht nur Anklang bei der Boheme, auch Wissenschaftler wie Edgar Jaffé lassen sich überzeugen. Frauen nehmen seine Theorien von der Befreiung des weiblichen Geschlechts wie eine Offenbarung auf und erliegen seiner persönlichen Ausstrahlung. Ehefrauen bedeutender Männer, die zuvor nicht im Traum an einen Seitensprung dachten, werden aus freien Stücken seine Geliebten, darunter Else Jaffé und ihre Schwester Frieda Weekly. Sigmund Freud hält später unter seinen Schülern einzig Jung und Gross für originelle Köpfe. Und der Psychiater Ernest Jones, der in München bei Gross analysieren lernt, empfindet Gross als die *naheste Annäherung an die romantische Vorstellung von Genie, der ich je begegnet bin … Derart durchdringende Kräfte, die innersten Gedanken anderer zu erraten, sind mir nie wieder begegnet.*

Es ging gegen halb zwölf. Wie immer drängte Mutter Ullmann noch vor Mitternacht zum Aufbruch, für gewöhnlich nahmen sie an der Amalienstraße eine Droschke, denn um diese Zeit waren die Seitengassen in Schwabing voller Strichmädchen und Angetrunkener.

Die beiden Frauen wollten sich gerade erheben und nach

ihren Mänteln schauen, da sahen sie Else Jaffé auf ihren Tisch zukommen in Begleitung eines sportlich gebräunten jungen Mannes, das glatte blonde Haar, zu kurzen Strähnen geschnitten, fiel ihm in die Stirn.

«Darf ich vorstellen», sagte die Jaffé, zu Mutter Ullmann gewandt, «das ist Dr. Gross.»

«Erfreut, Sie kennenzulernen, gnädige Frau», sagte der Arzt. «Else hat mir von Ihnen erzählt.» Er griff nach ihrer wohlgepolsterten Hand und deutete einen Handkuss an.

Frau Ullmann hatte mit Wohlgefallen den schleppenden Tonfall in seiner Sprache bemerkt, er erinnerte sie an ihren aus Vorarlberg stammenden verstorbenen Mann.

«Sind Sie Österreicher?»

«Ja. Aus Graz.»

«Ach, was für eine reizvoll gelegene Stadt!»

Er lächelte, als fühle er sich durch das Lob der alten Dame geschmeichelt. «Und Sie, gnädige Frau? Mir kommt es so vor, als sei da auch etwas Alpines in Ihrer Aussprache?»

«Ich habe lange in der Schweiz gelebt, doch ursprünglich bin ich Süddeutsche.»

«Sehr sympathisch.» Er schob mit einer Handbewegung eine blonde Strähne aus der Stirn. Nun, da er seine Schuldigkeit der Mutter gegenüber getan hatte, konnte er sich der Tochter zuwenden. Das schien ihn verlegen zu machen, er ruckte ein bisschen mit dem schmalen Kopf, sagte dann: «Ich höre, Sie sind eine angehende Schriftstellerin?»

«Ach ja», murmelte sie zögernd.

Else Jaffé schaltete sich ein. Sie wiederholte, wie sehr sie die gelesenen Texte beeindruckt hätten, und fügte bei: «Schön, dass man Sie wieder im *Stefanie* sieht! Ihre Frau Mutter hat mir gesagt, dass es Ihnen nicht gut ging, Sie hatten Herzbeschwerden und Kopfweh?»

Rega winkte verlegen ab. «Ach, es geht schon besser.»

«Nun, Sie sollten solche Beschwerden ernst nehmen», sagte die Jaffé. «Wollen Sie denn nicht einen Arzt konsultieren? Hier – ich kann Dr. Gross wärmstens empfehlen!»

Die Mutter nickte zustimmend. «Ich habe Regina vergeblich zu einem Arztbesuch bewegen wollen. In letzter Zeit konnte sie nur sitzend einschlafen, das Herzstechen, wissen Sie …»

Der Arzt nickte. Er wandte sich wieder an Rega. «Falls Sie sich entschließen können, Fräulein – hier, meine Adresse. Kommen Sie am späteren Nachmittag zur Türkenstraße. Wenn ich beifügen darf: Für *Stefanie*-Gäste ist das Honorar bescheiden.»

Rega nahm die Visitenkarte entgegen. Wieder geriet sie in ihre Wortöde. Sie blickte verschüchtert, blieb stumm.

Um die Verlegenheit zu überbrücken, sagte Frau Ullmann: «Wie sonnengebräunt Sie sind, Dr. Gross! So braun sind doch nur die Skilehrer im Tirol?»

Der Psychiater lachte herzhaft. Er habe im Herbst noch einmal eine Badekur in Dalmatien gemacht. Er suche die Wärme.

5

Rega fand die ärztliche Praxis in einer Seitengasse im belebten Teil von Schwabing. Das Gebäude sah heruntergekommen aus, über den Hinterhof, neben einer Lagerhalle, befand sich ein Cabaret.

Im Flur hantierte eine Frau mit einem Besen. «Wohin, Fräulein?»

«Wohnt hier Dr. Gross?»

«Ja, oben!»

Sie stieg eine knarrende Treppe hinauf, am Geländer fehlte ein Stück des hölzernen Handlaufs. Eine Tür stand halboffen. Da keine Klingel zu sehen war, klopfte Rega und trat ein. Sie befand sich in einem großen, unübersichtlichen Raum, im Vordergrund deuteten ein paar Stühle, auf denen zerfledderte Zeitschriften lagen, das Wartezimmer der Arztpraxis an. Im dämmrigen Hintergrund standen ein Schrank und ein Schreibtisch, alles machte den Eindruck eines Dachbodens.

Sie trat an eines der niedrigen Fenster, um das Tageslicht zu suchen. Draußen verblasste der Herbstnachmittag, der Himmel wirkte, durch die Fenster gesehen, farblos. Die Scheiben starrten vor Schmutz, in einem der oberen Flügel war eine zerbrochen und mit Papier verklebt. Sie erkannte mit Mühe den Hinterhof, im Eingang einer Gasse brannte bereits eine trübe Laterne.

Ein unheimliches Gefühl überkam sie. Stand sie, abgetrennt von der Wirklichkeit, in einem Albtraum? Sie warf noch einmal einen Blick zurück auf die Stühle mit den zerfledderten Zeitschriften. Wo waren die wartenden Patienten, wo der Arzt?

Der Arzt stand im spinnwebgrauen Hintergrund des Dachraumes und sah die junge Frau am Fenster stehen. Wie immer vor seinen seltenen ärztlichen Beratungen griff Dr. Gross nochmals zu seinem Pulver. Unter dem Einfluss des Kokains schärfte sich seine Beobachtung, er erkannte die seelischen Verstecke seiner Patienten, die Verdrängungsmanöver.

Ein Geräusch verriet ihm, dass die junge Frau sich zum Gehen wandte, dass sie vermutlich schon die Flucht ergriff? Dr. Gross räusperte sich.

Rega, schon bei der Tür, wandte sich um und sah ihn jetzt am Fenster stehen, mit dem Finger zeichnete er etwas in den staubigen Belag der Scheibe.

Dann kam er ein paar Schritte auf sie zu und betrachtete sie mit einem Blick, aus dem Trauer und Verlorenheit sprach. «Da sind Sie ja, Fräulein Rega. Bitte, kommen Sie.» Er winkte sie zu seinem Schreibtisch.

Sein Gesichtsausdruck hinter dem Schreibtisch war verlegen und seltsam hilflos, als bitte er sie, ihn in seiner ärztlichen Tätigkeit ernst zu nehmen. Auf seinen Wunsch machte sie ihren Oberkörper frei, die Hände, die die Häkchen des Mieders lösten, zitterten, sie fröstelte, spürte ihren Herzschlag im Hals.

Er war, während sie sich ausgezogen hatte, am Fenster gestanden, nun trat er herzu und begann ihren leicht vorgebeugten Rücken abzuklopfen. «Sie frieren, Fräulein Rega. Lehnen Sie zurück, atmen Sie kräftig ein und aus.»

Während er seine Untersuchung fortsetzte, sah sie sein schmales, jungenhaftes Gesicht mit den blonden Haarsträhnen, so hatte er wohl in seiner Jugend schon ausgesehen, doch die Zeit war nicht stehengeblieben, sie hatte das Jünglingsgesicht auf ihre eigene Weise verwittert.

Der Arzt hatte sich wieder hinter den Schreibtisch gesetzt und machte Notizen. Dann blickte er auf. «Fräulein, ich darf Ihnen sagen, Ihrem Körper fehlt nichts.»

«Aber ...», fragte sie verwirrt, «... das Herzstechen? In letzter Zeit ist es so arg, dass ich nur sitzend einschlafen kann.»

Dr. Gross nickte. «Mit den von Ihnen geschilderten Symptomen redet Ihr Körper von einer seelischen Verletzung. Haben Sie in letzter Zeit Schweres erlebt?»

Sie bejahte mit einem Kopfnicken und konnte nicht verhindern, dass ihre Augen sich mit Tränen füllten.

«Wenn Sie nicht wollen, brauchen Sie jetzt nicht zu reden. Für die Heilung tiefsitzender Verwundungen braucht es Zeit und eine spezielle Therapie.»

Sie suchte nach einem Taschentuch und verspürte einen ziehenden Schmerz, als manifestiere sich die eben erwähnte Herzwunde.

«Glauben Sie mir, ich kenne solche Erfahrungen», sagte er.

Sie hob den Kopf und war berührt von seinem einfühlenden Blick.

«Ich empfehle Ihnen eine Therapie. Ich bin Psychoanalytiker, ein Schüler von Sigmund Freud. Aber ich darf mit Stolz sagen, ich gehe meine eigenen Wege.»

Er durchschaut mich, dachte sie. Ein Unglücklicher, der einer Unglücklichen hilft.

«Wenn Sie erst einmal gesund sind, werden Sie noch mit viel größerer Kraft schreiben können.»

Sie schaute ihn fragend, ein bisschen ungläubig an.

«Ja», sagte er prophetisch, «Sie werden noch Erstaunliches schreiben.»

«Glauben Sie?» In ihren Augen war der erschreckte Ausdruck einem offenen, neugierigen gewichen, sie sah jetzt entspannt aus und begann, sich ihre Gedanken über ihre Situation zu machen. Dass ihr körperlich nichts fehlte, war zwar eine gute Nachricht, trotzdem beunruhigte es sie, dass ihr Körper, ohne dass er krank war, so gewissermaßen Theater spielte.

«Simuliere ich?», fragte sie den Arzt.

«Nein, Fräulein Rega. Ihre Seele spricht durch den Körper.»

Das mutete sie wiederum unheimlich an, dass eine Seele, die sonst unsichtbar und stumm war und über die viele im Zweifel waren, ob sie überhaupt existierte, sich durch körperliche Schmerzen zu manifestieren verstand. Die Konsultation war zu Ende, sie trat auf die Straße, wo inzwischen alle Laternen angezündet waren.

Vor der nächsten erleuchteten Gaststätte wurde ihr bewusst, dass ihr Körper, dem ja allem Anschein nach nichts fehlte, Hunger anmeldete. Seit gestern hatte sie aus Angst vor der Konsultation keinen Bissen mehr heruntergebracht. So betrat sie das Lokal und bestellte eine Leberknödelsuppe. Nun, am frühen Abend, waren erst wenige Gäste da. Sie saß allein an einem Tischchen und löffelte die Suppe mit Behagen. Ach, dachte sie mit einem Anflug von Fröhlichkeit, mein armer Körper, der meiner Seele als Sprachrohr dient, soll endlich auch auf seine Rechnung kommen! Als eifriger Diener dieser verquälten Seele hat er viel auszuhalten. Hat mein Vater nicht oft zu uns Kindern gesagt, essen halte Leib und Seele zusammen? Ich will mir eine gute Mahlzeit gönnen. Sie lächelte über diese Gedanken und bestellte noch einen halben Eierkuchen und Salat. Sie vertilgte die Mahlzeit mit Behagen. Plötzlich war ihr, als ob sie von einem Herrn von einem Tischchen oben auf der Balustrade beobachtet würde. Ach, soll er, dachte sie und aß weiter mit entschlossenem Gesicht.

«So ist es gut, Fräulein», sagte plötzlich eine bekannte Stimme hinter ihr. Es war der Arzt, der hier wahrscheinlich auch sein Abendbrot einnahm. Er nickte ihr aufmunternd zu, in dieser Geste lag kein Spott, er freute sich offensichtlich über ihren gesunden Appetit.

Er hatte sich wieder zurückgezogen, sie blickte zu seinem Tisch hin, bemerkte ein nervöses Zucken um seine Mundwinkel, auch konnten weder Füße noch Hände ruhig bleiben, er trank ein Glas Wein, vermutlich ohne etwas dazu zu essen. Nun trieb ihn seine Unruhe an, ein paar Schritte auf der noch leeren Balustrade zu machen, dabei zog er eine Tüte hervor und begann zu schnupfen.

Über die Wirkung des Pulvers war sich Rega nicht im Klaren, es war jetzt auch unter den Gästen des *Stefanie* in Mode gekommen, Koks zu schnupfen, das Pulver wurde in Schwabing auf der Straße zum Kauf angeboten. Mir geht es besser als dem Arzt, dachte sie. Ist es nicht beeindruckend, dass ein Mensch, der sich selbst aufgegeben hat, anderen helfen will? *Wo er bereits mit sich selbst zerfallen ist und ein Zuspät sich zurufen muss. Das ist viel, wenn einer rettet, wo er selbst sich für verloren gibt*, wird sie später in ihrer Erzählung *Die Konsultation* schreiben. Er freut sich, dass seine Patientin kein hoffnungsloser Fall ist, vielleicht meint er es ehrlich mit der Therapie? Und vielleicht ist es so, wie er mir prophezeit hat, dass sie sich günstig auf mein Schreiben auswirkt?

Zu Hause wollte die Mutter alles darüber erfahren, wie die Konsultation verlaufen war.

Rega gab nur spärlich Auskunft. Sie hatte wenig Lust zu erzählen, dass ihr Körper trotz der Symptome gesund war, das kam ihr jetzt wie eine Schande vor.

«Hat er dir Medikamente verordnet?»

«Nein.»

«Aber deine Nerven sind doch angegriffen, hat er das nicht gesagt?»

«Nur die Seele ist angegriffen, Mama.»

Frau Ullmann fand das unheimlich, sie seufzte.

Vor dem Einschlafen versuchte sich Rega vorzustellen, dass ihre Seele weinte, vor allem nachts, wenn die anderen Sinneseindrücke zurücktraten. Bilder drängten in ihr hoch. Sie sah das Kind, ein Bündelchen, sah die Gesichter der einfachen Bauern, denen sie es zur Pflege in die Hand drücken musste. Die mütterliche Stimme hinter ihr: «Es gibt keine andere Wahl, Rega. Du kommst nicht zurecht mit einem Kind, soll denn dein Leben mit zwanzig vorbei sein?»

6

An der Fendstraße drehte sich Frau Ullmann vor dem Spiegel, der winterliche Radmantel, den sie schon letztes Jahr getragen hatte, bauschte sich. Dann setzte sie sich einen turbanartigen Hut auf und blickte zur Tür, in der sich jeden Moment die Schneiderin zeigen sollte, die in Schwabing einer sparsamen Kundschaft empfohlen wurde, weil sie auf geschickte Art alten Kleidern durch Änderungen ein neues Aussehen verlieh.

«Wie findest du den Hut, Rega?»

«Von Hüten verstehe ich nichts», rief die Tochter aus ihrem Zimmer. «Ich jedenfalls werde nie einen aufsetzen.»

«Eine Dame trägt einen Hut.»

«Ich will nie eine Dame sein.»

«Warte ab, bis du, wie man so sinnig sagt, unter die Haube kommst! Dein Mann wird sich weigern, mit dir auszugehen ohne Hut.»

Rega lachte. «Dann bleibe ich eben ohne Hut und Mann.»

«Spott steht dir nicht zu, mein Kind. Nach allem, was passiert ist. Da hoffen wir doch, dass sich bald ein Mann einfindet, der dich heiratet!»

«Denkst du? Jedenfalls gehe ich, während du mit deiner Schneiderin beschäftigt bist, allein ins *Stefanie*.»

Manchmal ließ sich nicht vermeiden, dass Rega, wenn sie mit ihrer Mutter sprach, einen schnippischen Ton anschlug.

Sie war es leid, alles zu zweit zu tun, die gemeinsame Wohnung schuf zu viel Nähe. Während ihre Schwester Helene sich frühzeitig abgesetzt hatte, war Rega hängengeblieben. Jede der Frauen bildete sich ein, dass die andere ohne sie es nicht schaffen würde. Ach, die arme behinderte, weltfremde Tochter, dachte die Mutter. Und die Tochter: Die Mutter hat ihre Töchter unter Opfern allein großgezogen und ist alt geworden, nun darf man sie nicht allein lassen.

Eine Heirat hätte diese Situation verändert. Vor gut einem Jahr schien sich eine Bindung abzuzeichnen, doch dann war das Unglück passiert, es hatte Mutter und Tochter erneut zusammengeschweißt.

Rega hätte gerne ihr Leben selbst in die Hand genommen, aber wie? Geld verdiente sie keins, noch lag sie der Mutter auf der Tasche, die monatlich von einem Witwengeld zehrte. Sie wollte endlich etwas werden, eine Schriftstellerin, deren Bücher gedruckt und verkauft würden. Die Mutter arbeitete mit ihr auf dieses Ziel hin, stolz auf ihre literarisch begabte Tochter, sonnte sie sich in deren erstem bescheidenen Erfolg. Wenn die Tochter ledig bleiben sollte, so überlegte die Mutter, würden sie weiterhin zusammenleben, sie hatten es gemütlich, was also wollten sie mehr.

Als Rega nach draußen ging, blies ein herbstlicher, kühler Wind. Erst im *Stefanie*, vor ihrem Kaffee, den man hier einen «kleinen Braunen» nannte, kehrten ihre Lebensgeister zurück. Hin und wieder nippte sie von der dunklen Brühe, für weiteren Verzehr wollte sie kein Geld ausgeben. Viele der Gäste saßen stundenlang vor ihrem einen Glas. Wer das nicht aushielt, ließ beim Kellner Oscar anschreiben. Oscar gehörte zum Inventar des Lokals. Er kannte alle seine Pappenheimer, seinen bevorzugten Gästen streckte er gelegentlich sogar Geld vor.

Die junge Ullmann nahm still am Treiben und an den Gesprächen teil, wer sie mit ihren halb geschlossenen Augen beobachtete, konnte sie für verschlafen halten. Doch es war die Schläfrigkeit einer Katze, die vorgibt zu dösen, während sie in Wirklichkeit jede Bewegung und jedes Geräusch registriert. Das Café war um diese Zeit erst mäßig gefüllt, von den Schachtischen waren nur wenige besetzt, während im oberen Teil bei den Billardtischen schon einiger Betrieb herrschte. Dr. Gross stand zwischen Else Jaffé und Frieda Weekly am Tresen, Rega erinnerte sich sofort an das Gerücht, dass er beide Schwestern liebe, sie spürte bei dem Gedanken keine moralische Entrüstung, eher eine Neugier, herauszufinden, was für eine Besonderheit wohl jede der Beziehungen darstellte. Die Zärtlichkeit der ruhigen, klassischen Else und die Küsse der weniger edlen Weekly mit ihrer Stupsnase und dem kleinen zynischen Herzmund, der gerne schockierende Dinge aussprach? Bildeten sie mit der Ehefrau Frieda ein Trio? Sie wohne mit ihrem kleinen Sohn an separater Adresse, hieß es, das Ehepaar habe einen Vertrag geschlossen, der jedem Partner Unabhängigkeit garantiere.

Dr. Gross und die Weekly hatten das Café verlassen, Else Jaffé entdeckte die junge Ullmann einsam am Tisch und setzte sich zu ihr.

«Ich höre, Sie waren bei Dr. Gross. Er hat sich Ihre Prosastücke ausgeliehen, nicht wahr, er durfte sie lesen? Er ist sehr angetan davon, aber das wird er Ihnen bei Gelegenheit selbst sagen.»

«Ich freue mich.» Rega lächelte. Wieder machte ihr das feine, freundliche und doch distanzierte Wesen der Else Jaffé Eindruck. Wäre ich wie sie, dachte Rega, wäre ich dann gegen weitere Schicksalsschläge gefeit? Wie war sie denn selbst? Es war ihr kaum bewusst. Da war nicht viel mehr als ein dumpfes Gefühl des Ungenügens. Die Einsicht, dass ihr dieser Körper nicht ganz gehorchte. Nur zögerlich führte er aus, was Regas Geist ihm vorgab. Wie mühsam muss es für andere sein, die Verlangsamung meiner Bewegungen und meines Gedankenflusses auszuhalten.

«Gefällt Ihnen München, Rega?»

«Oh ja!»

«Wo wohnen Sie denn mit Ihrer Mutter?»

«An der Fendstraße.»

«Schön, da sind Sie nahe am Englischen Garten. Bevor der Winter kommt, sollte man noch viel unter den herbstlichen Bäumen spazieren. Schade, dass ich morgen nach Heidelberg zurückmuss.»

Rega wusste nicht, wie sie auf diese Nachricht reagieren sollte, sie bedauerte, Else Jaffé nicht mehr im Café zu sehen, irgendwie wollte sie ihr das sagen.

Da wurden beide Frauen abgelenkt durch einen kindlichen Jauchzer, der Friesvorhang blähte sich, aus seiner Fülle schälte sich mit zappeligen Bewegungen ein kleiner Junge. Hinter ihm, ihren Hut auf dem Kopf festhaltend, kam schimpfend die Mama.

«Nicht so ungestüm, Bubi!»

«Die Franziska von Reventlow», murmelte Else.

Die schöne junge Frau blieb oben beim Tresen stehen, strich sich durch die vom Wind zerzausten dunkelblonden Locken, dann zog sie den Jungen, der einen Matrosenanzug trug, hinter sich her in den unteren Teil des Cafés. An den Tischen drehte man sich um, der Junge, niedlich mit blondem Pagenschnitt, hielt seine Mütze an die Brust gedrückt.

«Ach, der schlimme Wind», jammerte die Reventlow. «Bubi hat es auf der Amalienstraße die Mütze weggeweht, ein Passant hat sie aus einer Pfütze gefischt. Nun halt sie fest,

Bubi!» Sie stand still und ließ ihr perlendes Lachen hören. Als sie sich umdrehte, entdeckte sie die Jaffé. «Else!»

Die beiden Frauen umarmten sich, Else tat es mit einer gewissen Distanz. Am Nebentisch blies eine Schauspielerin der andern ins Ohr: «Die Jaffé! Tut sich schwer mit der Reventlow. Weiß sie denn, ob ihr reicher Gatte ein selbstloser Gönner der armen Gräfin ist oder ob er als Gegenleistung ihre Liebesdienste in Anspruch nimmt ...?»

«Sie waren im Krankenhaus, Franziska?», fragte Else Jaffé.

Die Reventlow nickte. Ihr Lachen war einem leidenden Ausdruck gewichen. «Ja, schon wieder. Der Verlauf der Operation komplizierter als das erste Mal. Bauchschmerzen. Ja, immer noch. Sogar das Gehen macht Mühe.»

«Sie waren im Josefinäum, nicht wahr?»

Die Reventlow nickte. «Volle zwei Wochen. Bubi hat mir in dieser Zeit so sehr gefehlt. Und dir hat die Mutti gefehlt, nicht wahr, Bubi?»

Sie wollte den Kleinen an sich ziehen, doch der reckte den Kopf weg, starrte auf das Stück Schwarzwäldertorte am Nebentisch und zeterte: «Bubi Kuchen!»

Die Mutter fuhr ungerührt in ihrem Gespräch weiter: «Krank werden, Else, das kann ich mir mit dem Kind nicht leisten. Ein Überlebenskampf, ja. Davon wissen Sie zum Glück nichts!»

Else blieb kühl. «Sie machen doch noch Übersetzungen?»

«Es sind in letzter Zeit keine Aufträge mehr gekommen. So habe ich Gläser bemalt und am Entwurf geschrieben für ein Buch mit dem Titel *Schmerzen, Morphin und Gläsermalen*.»

Ihre Nachtarbeit in den Bars erwähnt sie nicht, dachte die Jaffé. Sie wird wie üblich meinem Mann ihre Klagen vortragen. Wie viele Männer ist er voller Bewunderung für sie.

Die Reventlow verabschiedete sich und zog ihr Kind zu

einem Tisch im hinteren Teil des Lokals. Oscar, ein Tablett mit Gläsern hochstemmend, scharwenzelte um sie herum. «Gnädige Frau wünschen?»

«Ein Stück Schwarzwäldertorte für Bubi. Für mich einen kleinen Braunen.»

«Dieses Kind ist ihr ein und alles», murmelte die Jaffé. Dann wandte sie sich zu Rega. «Auch ich liebe meine zwei Kinder, wissen Sie, doch das hat alles seinen gutbürgerlichen Rahmen. Die Reventlow hingegen hat den Mut gehabt, sich von ihrer Familie, die dem Kleinadel angehört, zu emanzipieren und auf ihre Privilegien zu verzichten. Sie bringt sich, wie auch immer, allein durch. Niemand weiß, von wem ihr Kind ist. Sie liebt es abgöttisch. Die vielen Liebhaber kommen erst an zweiter Stelle. Sie zelebriert es geradezu, ein uneheliches Kind zu haben. Es bleibt ihr alleiniger Besitz, ohne Ansprüche eines Kindsvaters.» Else trank einen Schluck Kaffee, fügte dann lächelnd hinzu: «Ludwig Klages nennt sie eine heidnische Madonna. Und Otto Gross bringt es so auf den Punkt: ‹Sie setzt mit dieser Mutter-Kind-Idylle ein Signal. Könnte sie nicht so aussehen, die Mutter der Zukunft?› Gross lehnt die Ehe und die damit verbundenen patriarchalischen Ansprüche ab.» Else stutzte, denn in den Augen ihres Gegenübers schwammen plötzlich Tränen. «Sie weinen, Rega. Wie alt sind Sie eigentlich?»

«Zweiundzwanzig.»

«Ach, noch jung. Ich hoffe, Sie dürfen es noch erleben, was für ein Glück die Mutterschaft bedeutet.»

«Ich habe auch schon …», wollte Rega beginnen, aber nur ein Schluchzen kam ihr über die Lippen.

An die ungewöhnliche Sensibilität der jungen Ullmann hatte man sich inzwischen gewöhnt. Sie braucht Hilfe, dachte die Jaffé. Hoffentlich wird Otto Gross bei seinem Vorhaben, die junge Dichterin zu therapieren, nicht auf Widerstand stoßen. Als von ihrem Gegenüber nichts Weiteres kam, dachte Else an ihre eigenen Belange zum Thema Mutterschaft. Während Rega die Nase putzte, lächelte Else bedeutungsvoll und deutete auf ihren Bauch. «Zu meinen zwei Kindern, die in Heidelberg schon zur Schule gehen, kommt nun, ganz unerwartet, ein drittes.»

Rega war überrascht. Unter dem fast griechischen Faltenwurf des Kleides hatte sie keine Schwangerschaft vermutet. «Kommt es bald?»

«In drei Monaten, zur Weihnacht, sagt mein Arzt in Heidelberg. Ich fahre aus diesem Grund morgen nach Hause.»

«Ihr Gatte – er wird sich gewiss freuen?»

Elses dunkle Augen blickten ernst. «Edgar Jaffé weiß, dass er diesmal nicht der Vater ist. Es hat sich vielleicht noch nicht bis zu Ihnen herumgesprochen: Wir leben seit einer Weile formlos getrennt ...» Die Jaffé erhob sich und verabschiedete sich von der jungen Ullmann mit ungewöhnlicher Herzlichkeit. «Wir bleiben verbunden, Rega, durch Ihre Texte sind Sie mir vertraut.»

Nachdem sie gegangen war, wurde Rega überschwemmt von schmerzlichen Gedanken. Mein Kind. Das Mädchen Gerda. Es ist nun gut ein Jahr alt, schenkt fremden Leuten sein erstes Lächeln, übt an der Hand einer Fremden die ersten Schritte. Da darf sich kein Muttergefühl regen, frei und trotzig, wie bei der Reventlow. Wie das damals alles so schnell gekommen ist?

Noch hat sie selbst Mühe, den Ablauf der Ereignisse zu verstehen, das Schicksal hat der Langsamen, Bedächtigen damals mit unanständiger Eile eine Falle gestellt.

7

Das Kind Gerda, Frucht einer einzigen, nicht einmal glücklichen Liebesnacht?

Damals vor zwei Jahren in Wien hatten sich Rega und ihre Mutter über das Wiedersehen mit Erika Rheinsch gefreut. Erika, Altphilologin und angehende Lyrikerin, hatte mit Rega zusammen in München einen Poetikkurs besucht und ihre Freundin seither in ihren dichterischen Versuchen gefördert. Seit 1902 war die Rheinsch verheiratet mit dem Dr. oec. publ. Hanns Dorn, eine Ehe, die in gegenseitigem Einverständnis 1905 schon in Auflösung war, wenn auch die Scheidung erst ein Jahr später vollzogen wurde. Dorn, zukünftiger Hochschulprofessor für Wirtschaftswissenschaft, sprach öffentlich über die Rechte der Frau und hatte zusammen mit seinem Freund Othmar Spann die *kritischen Blätter für die gesamte Sozialwissenschaft* herausgegeben. Auf der Redaktion hatten sich Erika und der von Poesie begeisterte Spann kennen und lieben gelernt, eine Art Wahlverwandtschaft. Hanns Dorn schien die große Liebe seiner Frau gelassen hinzunehmen, mag sein, dass die neue Freiheit dem karrierebewussten Mann willkommen war. Seine geschiedene Frau machte ihn, wohl zum Trost, mit ihrer jungen Freundin Rega Ullmann bekannt. Zu viert gingen die jungen Leute aus, vergnügten sich im Prater, besuchten Konzerte und Theateraufführungen, denn die Herren hielten auf Kultur, beide stammten aus gutbürgerlichen Familien.

Auf den Fotos jener Zeit trägt Rega ein weißgetupftes, dunkles Kleid, ein weicher Zug liegt auf ihrem Gesicht, die Lippen wirken entspannt. Die Mutter träumte von einer Doppelhochzeit, denn die Freundin und deren Freund hatten schon den Heiratstermin festgesetzt. Warum sollte Dorn sich nicht im Gegenzug für Rega entscheiden? War ihre Tochter auch keine Schönheit, so hatte sie doch den Reiz der Jugend, sie war liebenswert, wie sie am Arm ihres Verehrers zum Konzert ging in ihrem beschwingten Sommerkleid. Auch über ihrer Seelenlandschaft hatte sich der düstere, dräuende Himmel aufgehellt, da waren überall helle Tupfen, frühlingshafte Wolken über Wien. Die Mutter stellte mit Freude fest, dass Rega ihre oft schmollende, störrische Art abgelegt hatte, sich auflockerte in der Gesellschaft der Altersgenossen.

War Hanns Dorn für Rega die große Liebe? Kaum. Sie fühlte sich von Hanns und seinen Freunden angenommen, mit ihnen entging sie der ewigen Begleitung der Mutter, die das Töchterchen nicht allein in der Großstadt Erfahrungen machen ließ. Mit Hanns tauschte sie stundenlang Gedanken aus, sie entdeckten Ähnlichkeiten, er nannte sie Schwesterchen. Nur zu gut konnte er verstehen, dass die Zwanzigjährige sich allmählich von der Nähe der Mutter befreien und auf eigenen Füßen stehen wollte.

«Ich weiß, du und Hanns, ihr beide kennt *die Grenze*», hatte die Mutter gesagt, bevor sie für zwei Tage verreiste. Die Grenze? Wo lag sie, zu welchem Land verwehrte sie den Zugang?

Hanns kam abends auf Besuch, wollte sie partout auch nachts beschützen. «Schwesterlein, nein, du kannst mich nicht wegschicken.» So blieb er eben. Sacht trug er sie in jener Nacht über die von der Mutter verbotene Grenze.

Schwesterchen und Brüderchen. Eine inzestuöse Liebe. Ein paar Wochen später entdeckte Rega, dass sie schwanger war.

Die Mutter war bestürzt. Hanns, als hätte er das Unheil geahnt, hatte unterdessen Wien verlassen, Frau Ullmann beharrte darauf, dass Rega ihm schriftlich ihren Zustand bekanntgab. «Dorn ist ein anständiger Mann. Er wird dich heiraten.»

Der Antwortbrief mit der Anrede *Mein liebes, liebes Schwesterlein* brachte Ernüchterung. Er wisse, dass Gesetz und Sitte verlangten, dass er bis zum fünfzehnten oder zwanzigsten Lebensjahr die materielle Sorge für das Kind übernehme. *Ich erkenne hier aber*, so schrieb er, *Gesetz und Sitte so wenig an wie etwa beim «Ehebruch». Ich fühle es nicht als Pflicht. Ich weiß, dass auch Du es nicht von mir forderst. Aber Deine Mutter wird es zweifellos früher oder später. Um einen öffentlichen Krach zu vermeiden, würde ich ihr vielleicht – vielleicht! – schließlich auch nachgeben. Aber dann würde ich es immer als inneren Zwang empfinden, und es würde zu dem Gefühle führen, «das ich nie haben sollte» (wie Du mich einmal batest), dass ich bereue und alles am liebsten ungeschehen wüsste.*

Die andere Möglichkeit: dass Du Dich für das Kindlein verpflichtet und verantwortlich fühlst. Du ganz allein, als für Dein Kindlein. Liebes, liebes Schwesterlein! Du brauchst nicht traurig darüber zu sein! Du hast mir das letzte Mal gesagt, Du könntest mich nicht belügen. Sieh, ich kann auch Dich nicht belügen. Du weißt es: Ich will noch Jahre kein Kind. Ich sehe mich erst am Anfang meiner Entwicklung. Auch Du stehst erst am Anfang. Aber Dir wird für die Entwicklung das Kind nur Segen bringen und wenig Beschränkung.

Mich würde es ersticken, oder beklemmen. Das liegt nicht nur an unserem verschiedenen Verhältnis zur äußeren Welt, sondern allein schon daran, dass Du ein Weib bist.

Jetzt bist Du noch nicht frei in Deinem äußeren Leben. Je eher Du es wirst, desto besser, weil ich Dich dann als Schwesterlein lieben und achten kann, wenn Du Dir diese Kraft erkämpfst und – wenn ich ohne alle Bitterkeit an die Zeit unserer Liebe zurückdenken kann.

Ich will Dir die materielle Sorge um das Kind für drei Jahre abnehmen. Fasse aber jetzt schon den Entschluss, wenn Du frei sein wirst in drei Jahren, selber dafür einzustehen, jedermann gegenüber. (...)

Ich grüße Dich und küsse Dich,
Dein treues Brüderlein

Ein Mann, für den die Zeit der Liebe mit der jungen Rega schon zur Vergangenheit gehört. Ein Mann, der noch im Vorjahr in Berlin an der Generalversammlung des Verbands Fortschrittlicher Frauenvereine über die Rechte der Frau und die Rechte des Ungeborenen gesprochen hat, diese Forderungen aber für sein Privatleben nicht ernst nimmt! Frau Ullmann sah sich allein mit der sitzengelassenen schwangeren Tochter, der Schreck war groß.

Bis in jede Einzelheit arbeitete die Mutter einen Plan aus, um das Unglück zu vertuschen. Die Ehre der Tochter war zu retten, denn mit einem unehelichen Kind würde sie kaum mehr einen Ehemann finden. In aller Heimlichkeit wurde das Kind in der Steiermark auf dem Land ausgetragen, anonym am 23. Januar 1906 in Wien zur Welt gebracht und als unehelich gemeldet. Dann Rückkehr nach Admont in der Steiermark, wo das Mädchen Gerda zur Betreuung gegeben wurde bei einfachen Leuten. Anschließend nahmen Mutter und Großmutter wieder ihr normales Leben in München auf.

Rega war halbtot vor Scham und Schmerz. Sie brachte sich auf Anordnung der alten Frau Ullmann um die Mutterfreuden und das Kind um seine Mutter. Sie hatte etwas geboren, das sofort aus ihrem Leben entfernt werden musste.

Sie, die Sensible, würde sich nie mehr ganz fühlen.

8

Im Café Stefanie bemerkte Dr. Gross vom Tresen aus, dass an diesem Samstag die junge Ullmann nicht in Begleitung der Mutter erschienen war. Wie immer schien sie hinter ihren halb gesenkten Lidern in ihrer Ichlosigkeit zu versinken. Er überlegte, wann wohl dieser innere Rückzug begonnen haben könnte. Während der Konsultation hatte er kurz an ihrem Lebensweg entlanggesehen: Wie von einem Blitzlicht erhellt, erstand das Porträt eines verträumten Kindes, das als leicht behindert galt.

Die Schriftstellerin Regina Ullmann wird es später in der Erzählung *Das Mädchen* so beschreiben: *Du bist ungeschickt bis zur Tölpelhaftigkeit, im tiefsten Sinn verschlafen bist du*, und weiter: *Ohne Liebe bist du, obgleich du geduldig bist und beinahe gut. Denn die Liebe habe ich dir im Reif des Frühlings getötet. Und ohne Liebe vermag ein Mensch nicht wirklich zu leben.*

Der Psychiater erkannte ihre Not, er war berührt durch ihre Selbstverleugnung und die subtile Art von Abhängigkeit, die ihm aus seiner eigenen Biographie nur allzu bekannt war. Auch Otto Gross, 1877 als Sohn des berühmten Kriminalpsychologen Hans Gross geboren, steht ein Leben lang im Schatten eines übermächtigen Elternteils.

Noch war an diesem Samstag im Café Stefanie erst früher Abend. Gross trat an den Tisch der Ullmann. «Rega, kommen Sie mit! Wir machen ein kleines Atelierfest!»

«Ja, folgen Sie uns», drängte hinter dem Rücken des Arztes Lotte Pritzel, die schon einen bunten Schal und eine Wollmütze trug.

Rega blieb wenig zu entscheiden, schon stand sie in ihrem Mantel draußen auf der Straße und ließ sich mitziehen. Eine bunte Gruppe aus *Stefanie*-Gästen schob sich lärmend durch die Gasse. Es war gerade die Zeit des Ladenschlusses, da und dort wurden ratternd die eisernen Gitter heruntergelassen. Unter der noch offenen Tür des Frisierladens standen zwei junge Mädchen in weißen Schürzen. Erich Mühsam, der die beiden kannte, ging zu ihnen hin und forderte sie auf, mitzukommen. Sie lachten, warfen die Schürzen ins Innere und schlossen sich an. Rega ging neben der hübschen Emmy Hennings, die sich bei Gross eingehakt hatte. In einem der schmalen Häuser stieg man eine knarrende Holztreppe hinauf bis zum Dachboden. Die Pritzel ging voraus, öffnete einen Bretterverschlag und schloss die Tür zu ihrem Atelier auf. Man ließ sich auf Stühlen und Kissen rund um einen wuchtigen Schiffskoffer nieder, auf dem nun Kerzen angezündet wurden, in ihrem Schein funkelten Gläser und Flaschen grünlich. Rega hatte sich in einen der Korbsessel fallen lassen, aus seiner Tiefe blickte sie sich im Atelier um. Große Puppen, wie man sie in den Schaufenstern der Modegeschäfte sehen konnte, blickten starr auf die Besucher. Auf einer Staffelei stand das unfertige Ölbild eines weiblichen Akts.

«Kennst du sie?», flüsterte Emmy aus dem nächsten Sessel.

«Marietta?»

«Ja, Pritzels Geliebte.»

«Aber sie liebt doch Mühsam und die jungen Matrosen?»

«Sie liebt alles.» Emmy kicherte.

Auf dem Kanapee saß Mühsam zwischen den beiden Friseusen, mit denen er sich wohl gern beschäftigt hätte, aber Gross zog ihn in ein politisches Streitgespräch. Langsam konnte sich Mühsam der Diskussion entziehen, indem er immer weniger Einwände äußerte, schließlich sprach nur noch Gross. Er kam mit Vehemenz auf seine Lieblingsthemen zu sprechen, das Mutterrecht im Sinne des Basler Anthropologen Bachofen, den er dringend zu lesen empfahl. Wie immer, wenn Gross anfing zu dozieren, dämpfte man in der Runde die Gespräche, schließlich hörten alle zu. Gross mit seinem steirischen Akzent redete eloquent, sein Kopf, der den Rhythmus durch ein Rucken begleitete, erschien schmal und vogelhaft. Gross hatte etwas Priesterliches in der Art, wie er dastand, die Hände rieb und seinen Worten Bedeutung verlieh. «Freunde, die zukünftige Revolution ist eine Rückkehr zum Mutterrecht! Diese wahre Revolution wird Frau, Freiheit, Geist zusammenbringen! Die Beziehung zwischen den Geschlechtern muss wieder rein werden, frei von Macht und Unterwerfung, von Vertrag und Autorität, von Ehe und Prostitution ...»

Immer wieder entstand in seiner Rede ein Stocken, als seien da Webfehler in der Textur, als wisse er einen Moment lang nicht weiter oder suche nach einem besseren Ausdruck. Das erzeugte Spannung, zwang zum genauen Hinhören.

Als Gross die Rede beendet hatte, machte eine Wodkaflasche die Runde. Die Pritzel öffnete eine kleine Dose aus Elfenbein. Man bediente sich. Auf der Ottomane klaubten die Frisiermädchen mit spitzen Fingern eine Prise des Pulvers und fütterten sich kichernd gegenseitig die Nasen. Ein bisschen Schneestaub war auf den Koffer gefallen, Mühsam neigte den Krauskopf und schleckte mit behender Zunge das Pulver auf.

Noch einmal begann Gross zu reden. Es war anstrengend, ihm zu folgen, die Gedankengänge waren verzwickt, und mancher hoffte, sich nicht in ihnen zu verlieren. Nach einer Weile ließ bei den meisten die Konzentration nach. Doch besser, man zeigte das nicht, denn Otto Gross war hochempfindlich und reizbar, wenn seine weltrettenden Gedanken nicht die notwendige Beachtung fanden. Am schwierigsten fiel das Zuhören Erich Mühsam, er wurde schläfrig, seine

Augen blickten erloschen aus dem bärtigen Gesicht. War eine Frau in der Nähe, fühlte sie sich verpflichtet, ihn zu kraulen, denn er hatte etwas von einem traurigen Bären. Mühsam war süchtig nach Frauen, immer war da ein Knutschen in seiner Ecke, es zirkulierten Witze über seinen unstillbaren Sexhunger. Er möchte und kann nicht, hieß es. Keine Frau wolle, die er wolle, und wenn endlich eine wolle, könne er nicht, denn er habe wieder einmal den Tripper erwischt!

Als Gross seine Ansprache beendet hatte, kam Leben in die Gesellschaft, man vertrat sich die Beine, gruppierte sich zu Paaren, einige begannen zu schäkern. Nochmals kreisten die Flaschen und das Döschen mit dem Pulver. Auf dem Kanapee streichelte die blonde Friseuse Mühsams rötlichen Bart, er hielt dankbar still, obwohl die kleine Rote zu seiner Linken mehr seinem Geschmack entsprach, doch der war vom Schnupfen übel geworden, sie saß apathisch da, mit glasigen Augen.

9

Im wirren Treiben dieses Atelierfestes sah Gross die junge Ullmann tief in ihrem Korbstuhl sitzen, unbeteiligt, ein Fremdkörper.

Was für ein unmögliches Kleid sie trägt, dachte er, von einer ländlichen Schneiderin genäht, längst aus der Mode gekommen oder nie in Mode gewesen. Was soll's, es ist einfach, wie es ist. Anstelle eines dieser dämlichen Handtäschchen, wie sie jetzt bei den Frauen in Mode sind, hat sie ein bedrucktes Halstuch um ihre Habseligkeiten gefaltet und oben zugeknotet. Das seltsame Gesicht ist wie aus Holz geschnitzt, naiv irgendwie, und doch sind die Augen, die sie manchmal groß aufreißt, voll Erfahrung und intensivem Leben. Sie interessiert mich. Etwas an ihr ist unabhängig geblieben, abseits vom Mutterschatten, als habe sich ein Teil von ihr abgespaltet und geflüchtet. Körper und Seele sind nicht im Einklang, das macht sie verletzlich und weckt Schutzgefühle. Schätze müssen in ihr verborgen sein, die ihr selbst unbekannt sind, eine vorsichtige Therapie könnte sie ans Licht ziehen.

Rega in ihrem tiefen Stuhl hat keine Ahnung, welche Überlegungen sie in Gross weckte. Sie schreibt in Gedanken an einem Gedicht und zuckt zusammen, als die Pritzel sich zu ihr vorneigt: «Bist du immer so still, Rega? Ich höre, du bist Schriftstellerin, magst du uns nicht eine kleine Geschichte erzählen? Von den Bergen vielleicht, wo du herkommst? Ich mag, wie du sprichst.»

Erstarrt sitzt Rega da. Sie presst die Hände gegen die Brust und atmet gegen ihre Angst an, sich in dieser Runde bloßzustellen.

«So beginn schon», drängt die Pritzel.

Rega setzt sich auf. Mit dünner, spröder Stimme beginnt sie zu erzählen, eine kleine Hirtengeschichte. Es wird still im Raum, alle hören zu. Erst staunt man und lächelt ein bisschen, weil die Sprache der Ullmann so seltsam sperrig und kehlig klingt, als habe da jemand eine alte, eingerostete Schatztruhe geöffnet. Doch dann wird ihre Zunge geschmeidiger, die Wörter schwingen sich frei empor. Die Sprache fällt in einen eigenartigen rhythmischen Singsang, der die Zuhörenden einlullt, sie in Trance versetzt. Im flackernden Licht der Kerzen gewinnen die Figuren Fleisch und Blut, werfen Schatten an die Wände, man sitzt jetzt nicht mehr bei der Pritzel, man weilt unter den Hirten.

Die Erzählung ist zu Ende, aber sie schwingt immer noch

nach, und man schweigt in der Hoffnung, nochmals davongetragen zu werden, mehr zu hören.

«Mehr, Rega!»

Doch die Geschichte ist zu Ende erzählt. Rega hat sich angestrengt und muss ans offene Fenster treten. In der Tiefe blickt sie in eine der schwach erhellten, schluchtartigen Gassen Schwabings. Da ist auch, hell vom Mond beschienen, ein Stück der alten Friedhofsmauer, dahinter ein paar Kreuze.

Otto Gross ist aufgestanden und neben sie getreten. «Was für ein Sternenhimmel!»

Sie nickt.

Ihre Blicke folgen den vom Mondlicht beschienenen Wolken. Von hinten sehen die Sterngucker aus wie Verschwörer, das Flüstern hinter ihren Rücken beachten sie nicht: Was hat Gross mit der nicht unbedingt attraktiven Ullmann? Sogar die Emmy mit ihrem blonden Pagenkopf habe er ihretwegen sitzenlassen. Die ist irritiert, sucht Trost auf dem Kanapee bei Mühsam.

«Ich gehe jetzt», sagt Rega. Gross folgt ihr. Stumm wie zwei, die das Mondlicht süchtig gemacht hat, gehen sie nebeneinander durch die kühlen Straßen. Einmal taumelt sie ein bisschen, als ginge sie über Eis. Gross hält sie am Arm. Sie sieht den berüchtigten Gross auf ihre Weise, anders als die andern. Sie hat ihren eigenen Blick, erkennt sein Wesen von innen heraus. Bei ihr braucht Gross seine Ideen nicht zu verteidigen. Nach und nach verstummen die fremden Stimmen in ihr. Nach und nach, mit jedem Schritt, bleiben die fremden Bilder zurück.

Vor der Tür an der Fendstraße 6 erklärt sie, sie wolle allein heimgehen.

«Gut», sagt er. «Morgen beginnen wir die Therapie. Sagen Sie es Ihrer Mutter. Sagen Sie ihr: Ich werde von jetzt an oft bei Ihnen sein.»

10

Mutter Ullmann war mit der Therapie einverstanden. Gross genoss als Psychotherapeut bei den Gästen des Café Stefanie Ansehen, auch leuchtete ihr ein, dass Rega geholfen werden musste.

Sie begrüßte den Arzt im Flur ihrer Wohnung, brachte dann Kaffee in das Zimmer der Tochter. Der Arzt bat sie, dieses Zimmer während der Therapie nicht mehr zu betreten. Als sie ihn erstaunt anblickte, sagte er, er sei entschieden, ihre Tochter zu heilen. Sie sei ein urwüchsiges Talent, schöpfe aus visionären Tiefen. Großes sei noch von ihr zu erwarten, falls seine Therapie es schaffe, ihren Genius zu befreien.

Die Mutter schien das zu verstehen. Insbesondere das Wort Genius machte ihr Eindruck.

Gross fuhr fort, eine Therapie sei harte Knochenarbeit, die sich über Wochen hinziehen könne. Er bitte Frau Ullmann um einen Schlüssel zur Wohnung, die Arbeit sei intensiv, er müsse zu allen Tages- und Nachtzeiten Zugang haben.

Schon am nächsten Tag erschien er wieder. Rega fürchtete sich vor der Therapie, der Arzt stellte Fragen, auf die sie nicht oder nur in Andeutungen antwortete. Stundenlang rang er mit ihrer Dumpfheit. Das Zimmer war klein, meist saß er auf einem Stuhl neben ihrem Bett, auf dem sie auf seine Bitte hin ausgestreckt lag.

«Es ist die beste Lage, sich den Dämonen auszuliefern», sagte er.

«Welchen Dämonen?», fragte sie.

«Hilfreiche Tempelgötter, sie bewachen den Eingang zu deinem Selbst.»

Wenn Rega nichts mehr aus sich herausbringt, beginnt Gross zu reden. Stundenlang, in endlosen Schleifen, immer wiederkehrende Erörterungen. Er gerät in Eifer, als gelte es, seine Theorien vor einem feindlichen Fachgremium zu verteidigen, die Sätze sind gespickt mit Fachausdrücken, die Rega nicht versteht.

Sie hört zu. Harrt aus im Schneetreiben dieser Wörter. Manchmal setzt sich eine Wortflocke auf ihren Hals, sie schmilzt auf der warmen Haut, hinterlässt nichts als ein bisschen Feuchtigkeit. Während seiner Dauerreden blickt sie in seine Augen. Erkennt in ihnen seine Hingabe, den Glauben an ihre Heilung.

Er fängt ihren Blick auf. «Ich setze alles daran, dir zu helfen, Rega.»

Sie nickt.

Tag und Nacht fließen ineinander.

Diese ungezählten Stunden hinter dem nachtschwarzen Fenster, die sich quer zu ihrem bisherigen Leben stellen, zu diesem Mutterleben. «Rega, wer bist du?» – «Du musst zu deinem Eigenen finden.»

Nach einiger Zeit wird Gross unruhig und beginnt, in der Nische des Fensters zu zeichnen. Sie hört das schabende Geräusch des Stifts auf dem Papier, die seltsamen Gebilde hängt er im Flur an die Wand.

Wally, die junge Zugehfrau, darf das Therapiezimmer nicht betreten. Rega und ihre Mutter wollen, wenn Gross fort ist, selbst aufräumen und reinmachen, die Mutter steht kopfschüttelnd vor den Zeichnungen und findet die Anhäufungen von schraffierten Strichen witzlos.

«Gefällt dir das, Rega?»

Die Tochter zuckt die Achseln. «Er ist ein Genie.»

«Was soll es denn darstellen?»

«Vermutlich nichts.»

«Nichts? Ist das nicht zu wenig?»

«Soll denn alles gedeutet werden, Mutter?»

Das klingt in den Ohren der alten Frau Ullmann schnippisch. Beunruhigend sind sie, diese neuen, übermütigen töchterlichen Töne. Die Mutter seufzt. «Rega, der Doktor ist lange und bis spätnachts bei dir. Ich hoffe, du kennst die *Grenze* und hältst sie ein?»

Einmal, in einer dieser stundenlosen Nächte, klopft die Mutter ungehalten im Morgenrock an die Zimmertür. «Es ist drei Uhr morgens, eine solche Therapiezeit halte ich für höchst unpassend!»

Gross öffnet die Tür, erklärt mit ausgesuchter Höflichkeit, er möchte erinnern, sie hätten gegenseitig abgemacht, dass Frau Ullmann sich in keiner Weise einmische. Er bitte sie eindringlich, sich zugunsten ihrer Tochter daran zu halten.

Die Schritte der Mutter entfernen sich über den Flur. Rega wischt sich eine Träne aus dem Auge.

Gross bemerkt es, seufzt und sagt, auch ihm falle es schwer, seinen Vater aus seinem Leben auszusperren. Alles, was er tagtäglich unternehme, sei eine Rebellion gegen dieses patriarchalische Prinzip, das er mehr und mehr überall erkenne und das für den Missstand auf dieser Welt verantwortlich sei. Aber gerade durch diesen Kampf bleibe der Vater für ihn immer gegenwärtig. Er, der Sohn, müsse lernen, es anders zu machen: den Vater zu ignorieren, schließlich zu vergessen.

Sie hat jetzt, während er spricht, diese groß aufgesperrten Augen, als höre sie mit jeder Faser zu.

«Eine Vatervergiftung, Rega. Du solltest diesen mächtigen Mann kennen: eine internationale Berühmtheit im Dienst der Kriminalistik. Ein ungeheurer Sammler von Fakten. Seine Ordner quellen über, seine Belesenheit ist sagenhaft, er bespricht Bücher in der Zeitschrift *Archiv*. Ein emsiger

Mensch, der stets weiß, was richtig und falsch ist. Der gegen alle Überspanntheit und Extravaganz, gegen alle sogenannten Perversionen kämpft! Stell dir vor, Kriminelle und Homosexuelle will er auf eine Insel in der Adria deportieren, um die Welt, wie er sich ausdrückt, von diesen schädlichen Individuen zu befreien! Das hat auch seine lächerlichen Seiten, Rega. Ausgerechnet sein einziger Sohn besucht auf der Insel mit der geplanten Strafkolonie zweimal im Jahr den Nudistenstrand! Ich, das einzige Kind, gehöre mehr und mehr zu diesem vom Vater definierten menschlichen Abschaum!»

Gross ist erschöpft. Er stopft sich eine Prise von seinem Kokain in jedes Nasenloch. Sagt dann noch: «Ich fürchte, die Hassliebe des Vaters formt aus mir den ewigen Sohn, ich werde zu seinem lebendigen Gegen-Ich, kannst du das verstehen, Rega?»

Sie nickt, lächelt traurig.

Rega hat Gross von Anfang an in ihr Universum aufgenommen, sie nimmt ihn auf ihre Art wahr. Sie verfügt über einen eigenen Blickwinkel, hat ihre eigenen Vorstellungen von Wert und Unwert.

Noch ist für die *Stefanie*-Gäste Doktor Gross der Magier, der auf der Höhe seiner Macht in die Seelen sieht. Innovative Pläne entwickelt für eine bessere Menschheit. Für Rega ist er ein vom Leben Geschlagener, sie weiß um seine inneren Verletzungen. Er ist sich bewusst, wie schlecht es um ihn steht, und trotzdem bemüht er sich, Rega zu retten, das rührt sie.

Und Gross bewundert das geheime Wissen der Rega Ullmann.

«Was hast du denn mit der?», sagen seine Freunde, die ihn im Café vermissen. «Sie ist unbedeutend, lass sie, du verschwendest deine Zeit.»

Er weiß es besser. Rega ist der Typ des genialen Menschen, der an der eigenen angeborenen Art unbeirrt festhält. Sie gehört zu jenen künstlerischen Menschen, die, so wird er es später in den *drei Aufsätzen über den inneren Konflikt* schreiben, das Wesenseigene nie ganz verlieren können; von klein auf verschaffen sie sich einen abgeschlossenen Raum. Die Umgebung bringt selten dafür Verständnis auf, den gesellschaftlichen Ansprüchen sind diese Menschen nicht gewachsen. So entsteht schicksalhaft der innere Konflikt zwischen dem «Eigenen» und dem «Fremden».

«Diese seelische Zerrissenheit, die du spürst, durchzieht die ganze Menschheit, Rega.»

«Und? Wer kann da heilen?»

«Der Therapeut müsste das soziale Gefüge ändern.»

«Und das bedeutet für mich?»

«Du, Rega, hast deine eigene schwerfällige Art zu reagieren. Da ist deine Langsamkeit, dein Suchen nach Worten, weil sie aus der Tiefe des Unbewussten kommen. Wenn du dazu stehst, wirst du wunderbare Geschichten schreiben.»

Solche Sätze vertreiben in ihr Wolken, lassen Helligkeit zu.

So verstreichen die Tage.

Manchmal ist es der Therapeut, der sein Inneres öffnet, der dieser Patientin mehr über seinen eigenen Zustand offenbart als sonst einem seiner Freunde.

Er steigert sich in Eifer. Redet, als habe er sich zu verteidigen. Springt plötzlich auf, sucht in der Manteltasche nach der Tüte mit dem Pulver.

«Musst du schon wieder schnupfen?»

Er nickt heftig. «Ich muss die Dosis erhöhen, um die Therapie durchzuhalten.»

Wieder ruhiger geworden, redet er von Nietzsche. Der schreibe von einem Zukunftsmenschen, der seine beständig hohe Stimmung zu bewahren imstande sei, ein hohes Gefühl, das auch er zu erhalten suche, wenn es ihm auch vorläufig nur mit Einsatz des Kokains gelinge.

Er sitzt auf seinem Stuhl, sie sieht seine vom Schnupfen entzündeten Nasenlöcher. Der alterslose, ewige Jüngling braucht ihre Zuwendung. «Hast du nie ernsthaft versucht, von den Drogen loszukommen?»

Er schildert ihr, wie er es in mehreren Anläufen mit wechselndem Erfolg probiert hat. 1902 in Zürich. Dann vier Jahre später zusammen mit seiner Frau Frieda im Tessin.

11

In der Absicht, ein gesundes Kind zu zeugen, machte Otto Gross 1906 in der Kuranstalt Monte Verità oberhalb von Ascona eine Entziehungskur.

Kurz zuvor hatte er noch in Graz unter dem Einfluss hoher Dosen Kokain seine Erkenntnisse auf dem Gebiet der Psychoanalyse in vier Tagen und vier Nächten niedergeschrieben, seine Frau ließ als Privatdruck eine Broschur von 32 Seiten drucken, die vor allem seinen Gegnern zugestellt werden sollte. Nach dieser Anstrengung kam er ziemlich erschöpft zusammen mit Frieda auf dem Monte Verità an.

Der Berg der Wahrheit war um die Jahrhundertwende, nicht zuletzt durch die Publikationen von Erich Mühsam, bei Künstlern, Anarchisten und Lebensreformern europaweit bekannt geworden. 1899 errichtete ein Antwerpener Industriellensohn, Henri Oedenkoven, mit seiner Freundin Ida Hofmann hier eine Naturheilstätte, ein Bollwerk gegen die verlogene Zivilisation: Die beiden sind gegen Heirat, Korsetts, Orthographie und Sonntagsbraten. Sie beugen sich, wie sie in einer Broschüre festhalten, nur den Gesetzen der Natur, möchten ein Zukunftsunternehmen gründen zur Sanierung des anbrechenden 20. Jahrhunderts. Ein verwilderter Hügel über Ascona mit Sicht auf den Lago Maggiore war der ideale Platz für die Kuranstalt für Vegetabilismus. Auf dem Hügel, der eigentlich Monte Monescia hieß, hatte vor Jahren schon ein Tessiner Nationalrat ein theosophisches Kloster mit dem Namen Fraternitas errichten wollen. Nun ließ Oedenkoven ein Haupthaus bauen, umgab es mit primitiven Lufthütten und einem Luftbad. Die Männer der Kolonie trugen weite Hosen, die unter dem Knie endeten, Leinenkittel à la mode de Tolstoi, Heilandsandalen. Die langen Haare von einem Stirnband zusammengehalten. Die Frauen zeigten sich in korsettfreien Reformkleidern. Im Luftbad legte man sich im Evas- oder Adamskostüm an die Sonne, auch die Feldarbeit wurde nur mit einem Lendenschurz bekleidet verrichtet. Die Kuranstalt, seit 1902 trug sie den Namen Cooperativa Monte Verità, wurde bald von Künstlern, Lebensreformern, Anarchisten und Politikern besucht.

Am ersten Abend hatte sich Frieda frühzeitig in die ihnen zugewiesene Lufthütte zurückgezogen, Mühsam hielt Otto Gross zurück, er wolle ihm die nächtlichen Tänze am Abhang des Monte zeigen. Es war frühlingshaft lau. Sie stiegen hinunter zu der Waldwiese, die auf dem Monte Parzivalwiese hieß, ein magisches Dreieck, von blühenden Wildkirschenbäumchen und Erlen umsäumt. Aus dem Wald winkten die Kastanienbäume mit jungem Blattwerk, der Mond tauchte die Gegend in ein geisterhaftes Licht. Auf der Wiese begannen Männer und Frauen zu tanzen, die Männer nur mit einem Lendentuch bekleidet, die Frauen waren unter ihren durchsichtigen Schleiern nackt.

Otto betrachtete hingerissen die Szene. Da war es also, sein vom Moralkodex befreites Arkadien, von dem er immer geträumt hatte!

Die Tänzer bewegten sich eigenständig, hingebungsvoll, mit ausdrucksvollen Gesten. Wenn sich zwei begegneten, lächelten sie sich zu, gaben sich kurz die Hand, lösten sich voneinander. Gross dachte, die fortschreitende südliche Nacht verleite die Paare schon noch zu sinnlicheren Gesten. Jedenfalls gelüstete es ihn, mitzutanzen. Er holte eine der jungen Frauen, die als Zuschauerinnen am Waldrand kauerten, und zog sie mit sich auf die Wiese. Unter den Klängen der Musik versuchte er einen Tanz à deux, fasste das Mädchen um die Taille und begann, sich mit dem schlanken Frauenkörper rhythmisch zu bewegen. Als er die Kleine enger an sich ziehen wollte, stieß sie einen Schrei aus und bedachte ihn mit einem Hagel von Schimpfwörtern. Augenblicklich hörte die Musik auf, die Monte Veritaner erstarrten auf der Wiese zu Salzsäulen.

Ein Tanzmeister, den Gross bisher nicht beachtet hatte, trat nach vorn, an seiner Seite Ida Hofmann, die Gründerin. Die Hofmann hob ihren Arm mit dem weiten Ärmel und wies ihn, wie ein strafender Engel, aus dem Paradies: Ob er neu sei? Jedenfalls habe er nichts kapiert!

Dann erteilte ihm Rudolf von Laban, der Tanzmeister, eine Lektion: Es gehe bei diesen Tänzen um die Bewegung selbst. Die Nacktheit bedeute nichts Provozierendes, der Körper folge in der Bewegung einer inneren Ordnung und Notwendigkeit!

Beschämt und enttäuscht setzte sich Gross auf einen Baumstupf am Waldrand. Mühsam, der dies alles kannte, wollte nicht aufhören zu lachen und zitierte aus einem, wie er es nannte, selbst gedichteten alkoholfreien Trinklied:

«Wir hassen das Fleisch, ja wir hassen das Fleisch, / Und die Milch und die Eier und lieben keusch. / Die Leichenfresser sind dumm und roh, / Das Schweinevieh – das ist ebenso. / Wir hassen das Fleisch, ja wir hassen das Fleisch, / Und die Milch und die Eier und lieben keusch.»

Einige Wochen lang lebten Otto und Frieda oben im Kurhaus, Otto tat alles, um von seiner Drogensucht loszukommen, ging frühmorgens barfuß tautreten, lag im Luftbad, hörte Oedenkovens Vorträge über eine gesunde Lebensführung. Es fiel ihm leicht, sich an den frugalen Speisezettel zu halten, da er sich schon in seiner Jugend geweigert hatte, Fleisch zu essen.

Abends in der Lufthütte, beim Schrei des Käuzchens, gab er sich Mühe, mit Frieda auch den zweiten Zweck des Kuraufenthalts zu erreichen. Als er glaubte, von seiner Drogensucht geheilt zu sein, zog er vom Asketenhügel fort zu den weniger Linientreuen unten im Dorf, abends genoss er auf einer Bank am Seeufer von Ascona mit Frieda die Lichtspiele auf dem Wasser und an den Berghängen.

In einem vergammelten Hotelzimmer gab er sich weiter Mühe, Frieda zu schwängern. Was bei anderen Frauen, wo es nicht beabsichtigt und nicht willkommen war, ihm allzu leicht gelang, brauchte bei Frieda Hartnäckigkeit und Anstrengung. Seine Frau war maisblond, sie hatte schwere Beine und eine kräftige Nase, sie war mit so üppigen und mütterlichen Formen ausgestattet, dass eine Schwangerschaft ihrer Natur vielleicht als purer Überfluss vorkam.

Bald bildete sich auf dem Hügel und im Dorf ein Kreis um Otto Gross, einige nahmen aus den Lehren ihres Doktor Askonas nur gierig die Aufforderung wahr, die Sexualmoral aufzuheben. Im Stil der Puritaner sahen sie in der Sexualität etwas Schmutziges und Tierisches und mieteten einen Stall, wo sie ihre orgiastischen Zusammenkünfte abhalten wollten. Otto hatte ein erster Augenschein der Lokalität genügt, fortan ließ er sich nicht mehr herab, in dieses Gemäuer hinunterzusteigen, wo sich bei schummrigem Licht Paarungswillige einfanden, meist vergeblich, denn es fehlte an Frauen, nur ein paar vom Kinderkriegen und von Tuberkulose ausgelaugte Weiber aus der nahen Tabakfabrik waren aufzutreiben.

Mangels Erotik trank man im Übermaß Alkohol, es roch in den Gewölben nach Erbrochenem und Urin. Das Schweinische verleidete schnell, doch im Locarnese erhielten sich noch jahrelang hartnäckig wilde Geschichten von Orgien, und Gross kränkte es, dass sich diese erotischen Stümper «Grossianer» nannten.

Als sich der Sommer dem Ende zuneigte, war Frieda sichtbar schwanger. Gross war erleichtert und konnte sich wieder seinen Freunden zuwenden. Mit Erich Mühsam und einem schwäbischen jungen Dichter namens Hermann Hesse wanderte er durch herbstliche Kastanienwälder. Hesse, der dem Alkohol zugeneigt war, machte auf dem Monte ebenfalls eine Entziehungskur. Begeistert von einem der Naturapostel aus der Gründergeneration, dem Philosophen und Dichter Gusto Gräser, versuchte er in einer Höhle bei Arcegno zu sich selbst zu kommen. Doch es regnete in diesen Wochen andauernd, das Zusichselberkommen hing ihm bald zum Hals heraus.

«Ein interessanter Mensch, dieser Hesse», hatte Gross bemerkt. «Von diesem Schriftsteller ist wohl noch einiges zu erwarten.»

Mühsam nickte. «Der Monte zieht Begabungen an, aber auch merkwürdige Vögel. Kennst du die Lotte Chatemmer?»

Die Chatemmer war eine Bürgermeistertochter aus Berlin. Schon als Jugendliche war sie aus ihrem großbürgerlichen Elternhaus weggelaufen und in St. Pauli als Kellnerin gelandet. Das Lokal hatte einen schlechten Ruf, doch die junge, bildhübsche Frau ließ sich mit keinem Mann ein, sie strebte nach geistigen Idealen. Anarchisten nahmen sie auf der Suche nach einem idealen Staat mit nach Ascona. So gehörte Lotte Chatemmer auf dem Monte Verità zur Gründergeneration der Kolonie. Nach ein paar Jahren fand Lotte, es gäbe auf dem Hügel der Wahrheit zu viele Selbstdarsteller, zu viel Rummel. Sie zog sich in ein primitives Steinhaus, ein Rustico, zurück zwischen Ascona und Ronco. Mühsam dachte daran, sie mit Gross dort zu besuchen. Nach dem tagelangen Regen war das Gemäuer feucht, die Stämme der jungen Kastanien standen laublos, wie silberne Hieroglyphen im blauen Himmel.

Die Chatemmer wirkte freundlich, ein bisschen herablassend, die dünne Höhenluft ihrer geistigen Anstrengungen machte sich bemerkbar. Mühsam erinnerte sie an die Tage, als sie für ihn und für seinen Freund Nohl Schokolade gekocht hatte. Sie lächelte, diese Zeit sei vorbei. Nun schlafe sie auf einem Stein, ernähre sich von Wurzeln, strebe nach Vollkommenheit, Reinheit.

Mühsam lachte. «Weißt du, wie man dich auf dem Monte Verità nennt? Die Sankt Lotte!»

Sie lachte nicht. Dem Arzt gegenüber klagte sie über Ohrensausen, Magengrimmen, Herzstechen. Ottos Interesse für die Einsiedlerin war geweckt, auf seine einfühlsamen Fragen erzählte sie ihm von ihren psychischen Leiden: Dämonen verfolgten sie. «Da, schau!» Sie führte ihn in den einzig bewohnbaren Raum der Steinhütte, wies an den roh gefügten Wänden auf zwei pechschwarze Skorpione, die sie für Ausgeburten des Bösen hielt. Gross kannte die harmlosen Mittelmeerskorpione von seiner Lufthütte, sie waren trotz ihres erhobenen Stachels friedlich, stachen nur, wenn man barfuß auf sie trat, es schmerzte nicht mehr als ein Bienenstich.

Die Einsame war unfähig, wirklichen Wesen nahezukommen, sie zog sich in das Halbdämmer ihrer Traumbilder zurück.

12

Rega mochte Ottos Geschichten über Ascona.

«Und dann? Was war mit der Chatemmer?», drängte sie.

Otto wehrte lächelnd ab. «Später will ich dir mehr erzählen, für jetzt nur so viel, Rega: Ascona ist ein magischer Ort, offen für alle Arten von Weltverbesserung. Für mich der richtige Platz, um eine Akademie zu gründen.»

«Was für eine Akademie?»

«Eben. Eine Akademie. Zur Realisierung meiner anarchistischen Ideen.»

Wenn sie spürte, dass es ihm Mühe machte, in Zusammenhängen zu sprechen, und seine körperliche Unruhe zunahm, schlug sie vor, einen Spaziergang zu machen im Englischen Garten.

Ein trüber Novemberabend. Auf die Wege regnet es Blätter, sie gehen zwischen Bäumen, die dunkel aussehen und lauernd. Als sie beim Hesseloher See ankommen, klart der Himmel auf. Noch eine Viertelstunde, und die Wasserfläche spiegelt eine helle Gegenwelt, zwischen den Wolken zeigt sich der volle Mond.

In der folgenden Zeit verändert der Therapeut seine Taktik. Gewissermaßen sehe er sich gezwungen, die Schrauben anzuziehen, anders lasse sich ihr Genius nicht befreien!

«Genius?» Rega stellt sich ein geflügeltes Wesen vor, das in ihr eingesperrt ist. «Verstehst du unter dem Genius mein Talent?»

Er schüttelt den Kopf. «Mehr als das, Rega. Es ist ein ungelebter Teil deines Wesens, befreist du ihn nicht, gehst du mit diesem ungeborenen Teil zugrunde.»

Gross akzeptiert keine einsilbigen Antworten mehr. Unerbittlich zwingt er zum Nachdenken und Sprechen. «Rega, ich erkläre deiner Dumpfheit den Krieg, werde du selbst!» Er lässt nicht locker. Traktiert sie mit seinen Fragen, macht beißende Bemerkungen, schüttelt sie.

Erschöpft bricht sie in Tränen aus.

«War es so schlimm?»

«Ja. Du bist der Todesengel.»

Er erschrickt. Weiß sie, was vor einem Jahr in Ascona passiert ist? «Wie kommst du darauf?»

Doch sie antwortet mit ruhigem Lächeln: «Kennst du Rilkes Gedichte?»

Er verneint.

«Rilke erwähnt in seinen Versen die Arbeit des strengsten Engels. Er sucht dich nachts auf und schüttelt dich. Er wendet Gewalt an. Reißt dich aus deiner Form, in der du eingesargt liegst.»

Gross wird nachdenklich. Nach einer Weile sagt er: «Weißt du, warum der Engel das macht?»

Sie blickt ihn fragend an.

«Er macht es, weil er dich liebt.»

Es war kalt geworden. Sie gingen in Mänteln unter kahlen Bäumen durch frostiges, bläuliches Licht. Als es zu schneien begann, legte Gross seinen Arm um ihre Schultern, als könnte sie ihm in dem taumeligen Weiß verlorengehen. Die Kälte trieb sie zurück in die Wärme des Zimmers. Je frostiger die Außenwelt wurde, umso mehr wuchs ihre Einheit, ein Bollwerk gegen äußere und innere Anfeindung.

Sie lagen nebeneinander auf dem Bett, er immer in Kleidern. Er weigerte sich sogar, die Schuhe auszuziehen, als halte er sich für eine Flucht bereit. Es musste nachts auch immer Licht brennen, Dunkelheit hielt er nicht aus. «Aus dem Dunkeln kommen Bilder, die nach mir greifen», sagte er.

«Ah, ein Nachtmahr. Kann man dir helfen?»

«Lass das. Ich helfe ja dir.»

Darauf gab sie trotzig zurück: «Bin ich denn nicht schon ein großes Stück heiler geworden?»

Er schüttelte den Kopf. «Nein, Rega. Du bist immer noch ein unbewohntes Haus, man ruft hinein, und niemand kommt.»

Sie erschrak. Versuchte, sich das leere Gehäuse, das sie anscheinend war, vorzustellen. Dann hörte sie ihn sagen: «Um das zu ändern, Rega, weiß ich ein Mittel.»

«Ja?»

«Ich will dir beiwohnen, wie das so treffend mit dem biblischen Ausdruck heißt.»

Beiwohnen? Das klang friedlich, für Aufregendes war sie nach dem Spaziergang und dem langen Reden nicht mehr zu haben.

So beginnt Gross langsam mit dem Beiwohnen. Er erforscht ihr Wesen. Spürt in ihr das Gesammelte. Das Unabgelenkte. Im Fokus dieser Aufmerksamkeit erkennt er sich selbst neu. Das Beiwohnen ist eine langsame, herzerwärmende Zeremonie voll geheimnisvoller Steigerungen: Er bewohnt erst ihre Augenwinkel und ihren Mund. Dann die Achselhöhlen, die Kniekehlen. Dann die Kuhle zwischen ihren Brüsten und die kreisförmige Vertiefung des Nabels. Bevor er hinunter zu ihren Schenkeln gleitet, entledigt er sich seiner Schuhe, zieht dann, unterstützt von ihren zärtlichen Händen, Hemd und Hose aus. Dass er trotz seines Nachtmahrs die Furcht vor der Nacktheit loslassen kann, wertet sie als äußerstes Zeichen seines Vertrauens.

Therapiert er sie oder sie ihn? So oder so wünscht sie sich, diese Art von Therapie dauere fort und fort. Sie liebt ihn. (Sie liebt zum ersten Mal, denn, so denkt sie, mit Dorn ist es keine Liebe gewesen. Liebe erkennt man dadurch, dass man nicht mehr die ist, die man einmal war.)

Nach dem Beiwohnen liegen sie erschöpft bis zum Morgengrauen zusammen, er immer noch nackt, seine Lippen an ihrem Ohr. Sie hört ihn, schon im Halbschlaf, murmeln: «Rega, es wird wieder fließen auf der Welt, wenn man sich den Müttern zuwendet ... weg vom Patriarchat ... Nichts ist dann mehr von nichts getrennt. (Deine Mutter? Ach nein, mein Schatz. Sie vertritt nicht das Matriarchat. Sie versucht, in der Welt des Vaterprinzips zu funktionieren.) Die Liebe, sie muss wieder ein heiliges Ritual werden. Ein lebensschöpfender Wert, die Quelle aller Werte.»

Schnee fällt. Er häuft sich in den Fensternischen, pappt von außen die Scheiben zu, die Tage bekommen etwas Unwirkliches.

Nach Weihnachten, in den Raunächten, gehen die Heere der Verstorbenen um. Es sind Nächte, in denen die Lebendigen schlafen sollen, denn sie gehören den Toten. Üben die Lebenden in diesen Nächten, die lautlos aus den Tagen kommen und nach wenigen Stunden wieder eindämmern, das Totsein? Verschmelzen Tod und Leben, Tag und Nacht?

Gross wohnte nun fast die ganze Zeit bei ihr an der Fendstraße. Sie fand es richtig so. Die Liebe, die Leidenschaft hatte sie befallen, wie ein Fieber war sie gekommen, ein plötzlicher Anfall von Schwindel, ein glückserregender Taumel. Nichts sah mehr aus wie vorher. Was bisher schief hing, war jetzt gerade, was in Ordnung schien, hing nun schief. Was fest gewesen war, gemacht wie für die Ewigkeit, schwankte, geriet aus den Fugen.

Ihre Mutter, trotz der physischen Nähe, sie wohnte ja im Nebenzimmer, war für sie unendlich weit weggerückt, sie wurde klein und unbedeutend, wie durch ein umgekehrtes Fernrohr besehen. Endlich hatte sie sich von diesem demütigenden Tochterleben befreit.

Wichtig waren nur Otto und sie. Das Paar bewegte sich in diesen gemeinsamen Tagen und Nächten auf schmalem Bergpfad, die Augen in den Abgrund gerichtet, der magisch anzog, dicht wohnt der Tod bei der Liebe.

Selbst Gott war für Rega ein anderer geworden. Sie hatte ihn bis anhin als unnahbaren, überhöhten, leeren Popanz mit schönen Floskeln verehrt, nun war er auf Menschengröße geschrumpft, hatte Fleisch und Blut angenommen, ja, auch ein Geschlecht, sie liebte diesen Gott im Geliebten.

Im Spiegel sah sie ihr Gesicht gerötet, ihr Herz pochte heftig unter dünner Haut, es war ihr, als sei sie endlich aus einem halbschläfrigen Leben erwacht, ein graues Nichts war sie vor diesem Liebesfall gewesen.

Oft ging Otto im Morgengrauen weg. Wie ihr Therapeut brauchte Rega keinen Schlaf, war er fort, setzte sie sich an den Schreibtisch. Mit übernächtigten Augen starrte sie auf das leere Papier, und es füllte sich, ohne dass sie nur eine Zeile schrieb, mit Versen und Geschichten. Von nun an würde sie schreiben können. Was auch passierte, ihr Schicksal war besiegelt.

Die Mutter hatte die Haustür hinter dem Arzt zuschlagen gehört, sie hörte nebenan das Stuhlrücken, so traute sie sich ins Tochterzimmer. Rega saß stumm am Schreibtisch. Also ging sie wieder hinaus und in die Küche, um Kaffee zu machen. Als sie zurückkam, saß die Tochter immer noch in gleicher Haltung, das Blatt der wie in Trance Dasitzenden war immer noch jungfräulich weiß.

«Kaffee, Rega?»

Die Tochter blickte sie statt einer Antwort wie eine Traumwandlerin an, die von dunklen Ringen untermalten Augen erschreckten die Mutter. Sie setzte die Tasse neben den Schreibblock ab und sagte: «Du sitzt schon lange hinter einem leeren Blatt.»

Die Tochter lächelte immer noch ihr Sphynxlächeln. Blickte mit diesen übergroßen, löchrigen Augen durch die Mutter, als sei sie aus Löschpapier, an die gegenüberliegende Wand, als müsse dort ein Menetekel erscheinen.

«Ach, Rega», sagte Frau Ullmann bekümmert, «es ist mir nicht geheuer. Ich mache mir Vorwürfe. Diese ... Therapie ... ich hätte sie nicht zulassen dürfen.» Als die Tochter immer noch nicht sprach, fuhr sie fort: «Ich war gestern im Café Stefanie, über Gross hört man allerlei. Ich fürchte, er zieht dich mit sich in die Tiefe.»

«Ach?», sagte die Tochter nur. Dann trank sie den Kaffee. Als die Mutter aus dem Zimmer war, setzte sie mit einer steilen Schrift auf das Papier:

(...)
Nachtigall ist Liebe.
Und Stein bedeutet Liebe.
Und zög sie dich
auf ihres Meeres Grund,
du liebtest dieses Meer

und suchtest in den Tiefen
die letzten Tiefen,
die sich in ihr gründen,
und blühtest auf
in ihr.

13

Am folgenden Abend, es ging gegen zehn Uhr, läutete es. Frau Ullmann öffnete.

Es war Frieda Gross, die nach ihrem Mann fragte. Er sei seit geraumer Zeit verschwunden … Man suche nach ihm, auch seine Freunde im *Stefanie* vermissten ihn, da und dort mache man sich lustig über seine Art der Therapie.

Otto hatte die Stimme seiner Frau erkannt und einen Teil des Gesprächs mitgehört. Er trat hinaus in den Flur. «Was soll das?», fragte er.

Frieda schlug einen jammernden Ton an. «Diese Therapie ist doch übertrieben.»

«Eine Therapie braucht Tage und Nächte! Das solltest du doch wissen.»

«Wozu überhaupt eine Therapie?», fragte sie.

«Ich will dieser jungen Schriftstellerin helfen. Deshalb. Hörst du, therapieren ist meine Lebensaufgabe, und diese hier bedeutet mein Leben.»

«Für diese Ullmann, die ein bisschen schriftstellert?»

«Ja, für diese Ullmann. Sie ist eine außergewöhnliche Frau.»

Darauf konnte Frieda Gross nichts mehr sagen. Sie kehrte ihm den Rücken und ging.

Als der Arzt ins Zimmer der Patientin zurückkam, zitterte er. «Wir haben ein Abkommen, Frieda und ich. Keiner gehört dem andern, das hat sie bis anhin begriffen. Was die Geschichte mit Else Jaffé angeht, zum Beispiel, konnte ich mit ihrer Toleranz rechnen ...»

Else Jaffé kannte Frieda Gross aus ihren Jugendtagen, in der Nähe von Freiburg hatten sie dasselbe Internat besucht. Nach ihrem Studium bei Max Weber heiratete Else Edgar Jaffé, ebenfalls ein Weberschüler. Es war für alle Bekannten klar, dass es eine Zweckehe war. Else, die Heidelberg seit ihrem Studium liebte, war durch die Ehe in der Universitätsstadt eine soziale Größe geworden, Jaffé baute ihr eine Villa, und Bedienstete ermöglichten es, die Exponenten des Heidelberger Geisteslebens standesgemäß einzuladen.

Ihre Jugendfreundin, die Grazerin Frieda Schloffer, heiratete 1903 Otto Gross. Sie war eine üppige, mütterliche Blondine und den Künsten, vor allem der Musik zugetan. Sie heiratete gegen den Widerstand der Familie, denn er galt in der Grazer Gesellschaft bereits als schwarzes Schaf und hatte eine Morphium-Entziehungskur hinter sich. Ihre Liebe zu Gross war mütterlich geprägt. Als das Paar nach München umzog und Frieda ein Kind erwartete, lud sie Else ein, ihr in den letzten Wochen der Schwangerschaft Gesellschaft zu leisten.

Otto Gross, gerade von seinen Ferien an einem Nudistenstrand in Dalmatien zurück, hatte neue Energie getankt, er war nahtlos braungebrannt und voll von seinen Theorien über die erotische Emanzipation.

Die sonst so zurückhaltende und vernünftige Else fing Feuer für diesen jungenhaften, hochgewachsenen Vertreter der neuen Sexualität. Die Mutter zweier Kinder entdeckte zum ersten Mal ihre *wahre Natur*, wie sie ihrem Tagebuch anvertrauen wird. Dabei war Gross kein stürmischer Eroberer, im Gegenteil, er war scheu, und die Ehefrau Frieda erzählte Else, wie er damals während des Brautstandes vor einer sexuellen Begegnung zurückschreckte. Inzwischen war allerdings Zeit vergangen, und Otto Gross galt später, nach dem Zeugnis der beiden Richthofen-Schwestern, als einfühlsamer Liebhaber. Was Else betraf, so hatte sie in Jaffé wohl einen der Erotik wenig zugeneigten Ehemann, Franziska von Reventlow schrieb später in ihr Tagebuch: *Heute Jaffé-Abend. Oh Graus.*

Friedas und Ottos Kind kam im Januar 1907 zur Welt und hieß Peter. Einige Monate später gestand Else der Freundin, sie sei schwanger. Von Otto.

Frieda war nicht überrascht. Sie umarmte die Freundin, denn Eifersucht gehörte nach Ottos Theorien zur Welt der alten Prinzipien. So rang sie sich zu einem Lächeln durch: «Du bist meine Freundin, warum soll ich nicht Otto mit dir teilen? So ist er eben gemeinsam ‹unser Bub›. Und wie willst du dein Kind nennen?»

Im Nebenzimmer schrie der kleine Peter.

«Darf ich, wenn es ein Junge ist, ihn auch Peter nennen?»

«Du darfst», sagte Frieda.

Bald darauf zwang Frau Gross sich, nochmals zu teilen: Otto fing eine Liebesgeschichte an mit Elses Schwester, Frieda Weekly.

Es war die erotischste, die aufwühlendste Beziehung, die Otto je eingegangen war, und Frieda, die Ehefrau, musste auf Ottos Schreibtisch angefangene Briefe lesen mit Sätzen wie: *Ich weiß nun, wie die Menschen beschaffen sein werden, die nicht mehr befleckt sind von all den Dingen, die ich hasse und bekämpfe – ich weiß es durch Dich, den einzigen Menschen, der unbeeinflusst geblieben ist von der Keuschheit als moralischem Kodex und vom Christentum und von der Demokratie und all diesem Unsinn …*

Wie ist Dir dieses Wunder gelungen, Du goldenes Kind – wie ist es Dir gelungen, den Fluch und Schmutz zweier düsterer Jahrtausende von Deiner Seele fernzuhalten mit Deinem Lachen und Deiner Liebe?

Diese Frieda Weekly, Ottos «Frau der Zukunft», schenkte ihrem Liebhaber einen Ring mit einer Gemme, in die drei Frauen eingeschnitten waren. Sie symbolisierten Else und die beiden Friedas.

Ein familiäres Trio der Liebe um Otto Gross? Das genügte Frieda Gross-Schloffer. Sie war der Meinung, dass, was ihren Ehemann betraf, oben und unten, hinten und vorne nichts mehr zu teilen da war! Und nun die aufwendige Therapie der jungen Jüdin Rega Ullmann, eine Geschichte, die sich im Café Stefanie herumgesprochen hatte!

Friedas Großzügigkeit hatte Grenzen, sie fühlte sich gedemütigt. Max Weber gegenüber wird sie es später so ausdrücken: *die seelisch furchtbar strapazante Polgamie*. Am liebsten wäre sie mit ihrem kleinen Peter von München weg dorthin geflohen, wo der Kleine 1906 gezeugt worden war: nach Ascona. Doch noch war der Skandal um den Tod der Lotte Chatemmer im Tessin nicht verebbt, und für die Gattin des Dr. Gross war es kaum ratsam, sich dort zu zeigen.

Damals hatte Otto Gross Lotte allein in ihrer Waldhütte besucht. Es schien ihm, die Luft um sie sei noch dünner geworden. Sie war bis zum Skelett abgemagert, die zerrissenen Kleider hingen um ihren Körper.

«Was treibst du denn den ganzen Tag, Lotte?»

«Ach», jammerte sie, «es gibt so schrecklich viel zu tun! Jeden Tag steige ich auf das Felsband, sammle trockenes Reisig, lege Feuer. Siebe dann die Asche, bis sie fein genug ist. Siebe, siebe. Und doch ist sie nicht fein genug! Ach Gott, ach Gott!

Ich bin eine Versagerin, ich bin verworfen, Doktor! Ich muss mich umbringen!»

«Umbringen?»

Ihre Augen irrlichterten. «Ja, Doktor. Ich werfe mich vom Felsband in den Abgrund.»

Gross erschrak. Er bat sie inständig, zu ihm nach Graz in die Therapie zu kommen, er müsse nach Graz, denn dort habe man ihm an der Universität eine Privatdozentur im Fach Psychopathologie angetragen.

Sie schüttelte den Kopf. «Fort? Unmöglich. Das Felsband ruft.»

«Lotte, du wirst tagelang mit gebrochenen Gliedern im Abgrund liegen, ehe der Tod dir Erlösung bringt. Dass du so elend zugrunde gehst, das lasse ich nicht zu!»

«Was denn sonst?» Ihre groß aufgerissenen Augen blickten gequält.

«Wenn du es wirklich nicht anders willst, dann verschaffe ich dir ein Gift, das dich augenblicklich tötet.»

Sie flehte ihn an, das Gift sofort zu bringen.

Gross ging daraufhin nach Locarno, wies sich in der Apotheke Maggiorini als Arzt aus und verlangte eine ungewöhnlich große Dosis Kokain.

Der Apotheker Maggiorini runzelte die Stirn. «Wozu diese Menge?»

«Meine Freundin leidet an furchtbaren Zahnschmerzen.»

Der Apotheker blickte immer noch misstrauisch auf den Ausweis des Arztes, rückte dann aber doch die große Dosis heraus.

In Lottes Hütte wurde Gross von einer Freundin aus Lottes Monte-Verità-Zeit empfangen, die ehemalige Krankenschwester wollte als Freundesdienst Lottes Abreise ins Jenseits begleiten.

«Alles wird sehr schnell gehen», tröstete sie der Psychiater.

Doch was andere in einer Stunde umgebracht hätte, dauerte bei Lotte zweieinhalb Tage. Die beiden Todes-Assistenten waren dazu verdammt, das langsame, qualvolle Dahinschwinden der Sankt Lotte mitzuerleben.

Nach der Beerdigung sprach sich im Locarnese der Fall schnell herum, der Verdacht der Polizei richtete sich auf einen gewissen ‹Doktor›. Gross und seine schwangere Frau fürchteten die Untersuchung der Tessiner Polizei und reisten überstürzt ab nach München.

Zum Ärger seines Vaters trat Otto die Dozentur in Graz nie an.

II

*«Die Eltern sollen uns nie
das Leben lehren wollen, denn
sie lehren nur ihr Leben.»*
Rainer Maria Rilke

1

Nach Neujahr 1908 schien München im Schnee zu versinken. Schneevorhänge fielen, die kurzen Tage dämmerten vor sich hin. Das Zimmer an der Fendstraße 6 trieb wie eine Arche durch winterliches Weiß. Kontakt mit der Außenwelt war nicht mehr möglich und nicht erwünscht. In der biblischen Arche wurden je zwei von jeder Spezies gerettet, im Therapiezimmer entgingen Otto Gross und Regina Ullmann der Sintflut, vielleicht war rundherum die Welt schon verschwunden, es war egal.

Die Therapie, die nun ruhiger verlief, zog sich dahin. Waren es Tage oder Wochen? War die Heilung der kleinen Dichterin so schwierig, oder wollte Otto nicht mehr ihre Gegenwart missen, ihre spröden Antworten, ihren scheuen, aber sanften und verständnisvollen Blick, ihr gefügiges Eingehen auf alle seine Wünsche? Oder zog er im Hochwinter das warme Zimmer an der Fendstraße, wo täglich zwei gefüllte Teller in der Fensternische des Flurs standen, seiner zugigen Dachwohnung vor?

Mutter Ullmann, welche die Teller mit Essen füllte, sehnte sich nach klaren, übersichtlichen Verhältnissen, ihr Harmoniebedürfnis war so groß, dass das Leben sie manchmal packen und schütteln musste. Natürlich war sie nicht mit Blindheit geschlagen, natürlich hatte sie in den letzten Wochen bemerkt, dass sich die sogenannte Therapie zu einer Liebesgeschichte auswuchs! Schließlich ging Dr. Gross mit ihrer Einwilligung zu allen Tages- und Nachtzeiten in ihrer Wohnung ein und aus. Mit den Räumlichkeiten nahm er auch von ihrer Tochter Besitz, an die Wände hängte er seltsame Zeichnungen, in die Seele der jungen Frau leuchtete er mit analytischem Blick, kehrte Unteres nach oben. Offensichtlich bewirkte diese Behandlung Bedeutungsvolles, vorbei das dumpfe Brüten und Schmollen, Rega war wie aus einem Halbschlaf erwacht, sie blühte auf. Zwar zeigte die Therapie auch Nachteile, so stieß Frau Ullmann oft auf töchterlichen Widerspruch und ärgerte sich über den neuen, schnippischen Ton. Wollte Rega in der Nähe des Psychiaters Stärke beweisen? Kein Zweifel, sie liebte den jungen, attraktiven Arzt, dafür hatte Frau Ullmann einen Blick. Um Liebesgeschichten herum wurde sie sonderbar schwach, zu früh hatte sie nach dem Tod des Gatten auf zärtliche Gefühle verzichten müssen. Genügsam, nicht nur in materiellen Belangen, hatte die Witwe ihre Kinder aufgezogen. Die Kinder waren ihr alles, außer den wechselnden jungen Dienstmädchen hatte sie kaum Vertraute, Männer sah sie nur von weitem. Und doch war da tief in ihrem Herzen der Wunsch, nochmals Liebe zu erleben. Je schneller die Jahre vergingen, je älter sie wurde, desto stärker übertrug sie diese Sehnsucht auf ihre Töchter, in der Hoffnung, von den Liebesdingen der Jungen falle auch ein Glanz auf sie zurück.

Nicht nur seines steirischen Dialektes wegen hatte der Doktor Frau Ullmann schon nach dem ersten Gespräch für sich eingenommen. Gross hatte einen beweglichen Geist, mit seinem jungenhaften Charme und dem Drang, die Welt zu verbessern, war er der begehrteste Mann im Café Stefanie. Es erfüllte das Herz der Mutter mit Stolz, dass er aus dem riesigen Frauenangebot ihre Rega ausgewählt hatte. Männer waren, was ihre Tochter betraf, empfänglich für ihren zarten Liebreiz, übersahen die leichte Behinderung. Dr. Gross war zwar verheiratet, doch seine familiären Bindungen schienen Frau Ullmann locker, im *Stefanie* hieß es, er habe mit seiner Frau den «Pakt der perfekten Freiheit» geschlossen. Modischer Firlefanz, gewiss. Doch ein solches «Arrangement» öffnete alle Möglichkeiten: Zweitbeziehung, Scheidung, erneute Heirat. Transformationen, das war heute in den besten Familien an der Tagesordnung! Im Café Stefanie hatte Mutter Ullmann den Psychiater eines Abends über die Zukunft der Frau sprechen gehört, über das Loslassen von alten Mustern und die Neugestaltung der Beziehungen. Vorstellbar, dass Rega bei einem so großzügigen Mann auch das uneheliche Töchterchen in eine engere Bindung mitnehmen konnte. Ach ja, dachte Hedwig Ullmann und griff nach ihrem von der Putzmacherin auf die neue Mode getrimmten Hut, Repsband hinten, Filzblumen vorn, nun gehe ich aus und trinke meinen Tee im *Stefanie*. Alles wird gut, alles wird werden!

Sie stellte sich vor den Spiegel, drückte das Filzgebirge mit ein paar energischen Klapsen zurecht, murmelte halblaut: «Hat nicht schon meine Mutter oft gesagt: ‹Was schlecht beginnt, endet oft gut!›?»

Rega dachte nicht daran, das Zimmer zu verlassen. In der Schneehelle dieser Tage fühlte sie sich weit werden, voller Atem wie der Ozean. Wellen rollten an, hoben sie, trugen sie fort aus allem, was bis anhin seine Gültigkeit gehabt hatte. Sie erwartete ein Kind. Diesmal lag in dieser Gewissheit für sie nichts Erschreckendes. Sie liebte diesen Mann, er bewohnte sie, er füllte ihre Leere mit Lebendigkeit aus, nun erwartete sie sein Kind, das hatte seinen Platz in der Ordnung der Liebe.

Was morgen war, bekümmerte sie nicht. Das Zimmer war zur Arche geworden, Otto und Rega, die letzten Exemplare des Menschengeschlechts. In ihrem Bauch, geborgen wie in einer Mini-Arche, ließ sich ein neues Wesen schaukeln und durch die Tage tragen. Noch war es ihr Geheimnis: Wir sind nicht das Ende, das Leben wird weitergehen.

Manchmal musste Otto am Vormittag in der Stadt Besorgungen machen. Rega kleidete sich nur flüchtig an, setzte sich auf den Teppich, balancierte den Schreibblock auf den bloßen Beinen.

Im Demuth Verlag in Frankfurt war noch vor Jahresende 1907 ihre Dichtung *Feldpredigt. Dramatische Dichtung in einem Akt* im Druck erschienen. Erika Rheinsch, die dort Gedichte herausgab, hatte den Kontakt zum Verlag vermittelt. Wollte sie mit dieser guten Tat ihr schlechtes Gewissen dämpfen, weil sie ihre damals noch minderjährige Freundin in das noch lauwarme Bett ihres Gatten manövriert hatte? *Die Feldpredigt*, ein kleines, eigenwilliges Buch, roch noch nach Druckerschwärze und spornte Rega an, weiter zu schreiben. Im Moment aber keine Prosa, lieber Gedichte. Schon vor Jahren, in St. Gallen, hatte sie erste Gedichte geschrieben.

So saß sie und sann, tippte mit dem Schreibstift auf die Stirn, hauchte ein Wort vor sich hin. Hörte es in der Luft verhallen. Wiederholte das Wortgebilde. Zerlegte es langsam in seine Bestandteile. Sie war so versunken, dass sie nicht merkte, dass Otto zurückgekommen war, leise war er eingetreten.

Da stand er und sah ihr zu. Ach, dachte er, sie wiegt die Silben wie auf einer Goldwaage, meine Wortalchimistin.

Überrascht blickte sie auf. Sie zupfte an ihrem Rock, strich den Stoff über die bloßen Knie, erhob sich und ging ihm entgegen. Er schlang seine Arme um sie.

«Otto», sagte sie zärtlich, «ich erwarte ein Kind.»

Augenblicklich ließ er seine Arme sinken. «Das kann nicht sein! Bist du sicher?»

Sie nickte. Erstaunt nahm sie ihn wahr. Sein Kopf war noch weiß bestäubt vom Schnee, die Haarsträhnen verworren, im Halbschatten des Zimmers erschien sein altes Jungengesicht fleckig.

«Rega ...» Er wollte etwas sagen, doch die Worte blieben aus. Vor Anstrengung blitzte das Weiß seiner Augen. Der Mund war aufgerissen, gequält, wortlos.

Es wurde Rega unheimlich. Er war zutiefst verunsichert, weshalb denn?

Otto, das Haupt der neuen erotischen Bewegung! Er prangerte die Ehe an als patriarchalische Einrichtung und Versklavung der Frau. In pathetischen Worten sprachen er und seine Anhänger über das Urweib, die Würde und Schönheit der Mutterschaft. Vom Vaterwerden sprachen sie nie. Doch Otto Gross sollte inzwischen an die natürlichen Folgen der freien Liebe gewöhnt sein, nach seiner Ehefrau hatte an Weihnachten auch Else Jaffé von ihm ein Kind bekommen.

Ja, Else und ihr Peterchen. Die beiden gingen Otto Gross, der schweigend im Raum stand, durch den Kopf. Else, nach der Geburt nach München zurückgekehrt, ließ Otto in Friedas Wohnung rufen und zeigte ihm stolz das Kind. «Niedlich, nicht? Dein kleines Ebenbild, Liebling!»

Dieser verschrumpelte, rote Säugling mit seinen vom Brusttrinken warzigen Lippen? Gross war bestürzt und lächelte sauersüß. In väterlichem Pflichtgefühl schob er den Kopf näher, bemüht, die für ihn unsichtbaren Qualitäten des Kindes wahrzunehmen. Darauf reagierte das unförmige

Windelpaket mit Abwehr, es begann zu schreien und zu strampeln.

«Hörst du?», sagte Else, verliebt lächelnd. «Dein Sohn verlangt nach Milch! Bist du nicht ein glücklicher Mann, jetzt hast du zwei Peterle!»

Der Gesichtsausdruck des Doppelvaters war alles andere als glücklich. Peterle eins, Peterle zwei. Ein Albtraum.

Als der Kleine schlief, war Zeit für Elses hochnotpeinliche Frage, ob Otto etwas beitrage zum Unterhalt, ein Vaterschaftsgeld eben, wie das Gesetz es vorschreibt? Wie er wohl verstehe, wolle sie Jaffé mit dem Unterhalt eines fremden Sohnes nicht belasten.

Otto Gross schwieg verwirrt. Sagte dann nach einer Pause: «Ich verfüge über kein eigenes Geld. Die Assistenz bei Kraepelin hat sich, zunehmender Meinungsverschiedenheiten wegen, auf wenige Einsätze reduziert und bringt so gut wie nichts ein.»

«Ach, ich verstehe.» Else, das Kind an der Brust, nickte. Dann kam ihr der rettende Gedanke: «Dein Vater ist reich. Bestimmt ist er stolz auf seine Enkel? Wenn er dich nächstens besucht, musst du ihn darauf ansprechen.»

Otto hatte wirklich kurz darauf mit seinem Vater gesprochen. Schließlich trug er bis jetzt jeden Monat zum Lebensunterhalt – inklusive Drogenkonsum – seines Sohnes bei. Hans Gross war in Wut geraten: «Bist du nicht bei Trost, Otto?» Otto schien, sein Vater beginne sein altes Imponierspiel: Er reckte sich – noch immer übertraf er den Sohn um einige Zentimeter –, seine Hand hob sich wie früher, als Otto ein Knabe war, zur Drohgebärde. «Sohn, ich drehe dir den Geldhahn zu! Dein Umgang mit Frauen – ein Skandal! Und nun hast du die Kühnheit, von mir zu verlangen, eine verheiratete Jaffé zu unterstützen? Eine der reichsten Frauen in

Deutschland! Lächerlich! Merke dir: Ich finanziere nur die mit Frieda Schloffer gezeugten, ehelichen Kinder, alle anderen gehen mich einen Dreck an!»

Otto sah die Szene mit der mächtigen Vaterfigur nochmals vor sich, während er an der Fendstraße vor seiner Geliebten Rega Ullmann stand, er schaute in ihr tränennasses Gesicht und umarmte sie stumm. Eine Weile verharrten sie in Ratlosigkeit.

Dann seufzte Otto: «Du willst von deiner Mutter loskommen und ich von meinem Vater. Das Kind macht uns erneut abhängig … Du weißt, man kann es heutzutage auch wegmachen lassen.»

Sie blickte ihn groß an. «Dein Kind? Nie.»

Noch hatte sie ihre Strümpfe nicht an, mit bloßen Beinen schlüpfte sie in ihre hohen Stiefel, griff nach dem Mantel. Sie verließ das Zimmer, schmetterte die Wohnungstür zu. Im Englischen Garten waren die Pfade noch nicht geräumt, sie stapfte durch den Schnee, kreuz und quer. Ihren Blick in das Weiß gerichtet, ging sie tränenlos, wie eine Schneeblinde.

Als sie heimkam, war Otto weg.

«War etwas?», fragte die Mutter. «Du hast geweint.»

«Ach, es ist nichts.»

«Rega, ich meine es zu erraten, du bist schwanger. Steht Gross zu dir und dem Kind?»

Rega fing wieder zu weinen an.

Da wusste die Mutter Bescheid. Im ersten Moment blieb sie erstaunlich ruhig. «Männer fühlen sich oft durch die Nachricht, dass ein Kind kommt, überrumpelt», belehrte sie die Tochter. «Ein Mann braucht Zeit. Warte auf einen ruhigen Moment und sprich dann mit ihm, mein Kind.»

2

Der ruhige Moment ließ auf sich warten.

Fort war der Geliebte und hielt doch alles besetzt. Im Zimmer immer noch die wirren Gebilde aus Bleistiftstrichen, auch zwei Aktbilder waren im letzten Monat dazugekommen. Dem Putzmädchen aus dem Bayerischen Wald, das mit großem Eifer und barfuß die kleine Wohnung schrubbte, blieb dieses Zimmer weiterhin verwehrt. Dennoch hatte es einen scheuen Blick auf diese ungehörigen Bilder und die Unordnung des Doktors geworfen. In Regas Bett lag noch Ottos zerknautschtes Kopfkissen, am Haken pendelte, wenn man die Tür öffnete, sein Bademantel, am Boden lagen leere Papiertüten, da und dort unter den Möbeln ein schneeiger Hauch von einem Pulver.

Doch nicht nur der Raum, auch Rega blieb auf eine gefährliche Art verschlossen: Tausend durch die Therapie aufgewirbelte Gedankenpartikel. Herzdrücken. Wundschmerzen.

«Ich fürchte, du musst dein Gefühl für diesen Mann ausreißen», sagte die Mutter bekümmert.

Wie sollte Rega das tun, war ihr doch, als würde sie mit dieser Liebe auch ein Stück ihres Seelengrundes ausreißen?

An einem Märzabend kam Otto zurück.

«Wo warst du?»

Auf diese Frage lächelte er schmerzlich wie Adam, der sich hinter den Büschen des Paradieses versteckt hatte.

Er litt. Er sah sein erträumtes Mutterrechts-Paradies in unerreichbare Vergangenheit oder Zukunft entgleiten. Seine Theorie, Neurosen zu heilen durch *sexuelle Immoralität* (ein Ausdruck, den er nur vor der Fachwelt, nie vor den Patientinnen brauchte), war durch die Praxis ins Wanken gekommen. Heilte sich nur der Therapeut, während die Frauen störende Begleiteffekte, also Schwangerschaften zeigten? Schwangere Frauen haben in der patriarchalisch strukturierten Gesellschaft die Tendenz, in soziale Abhängigkeit zurückzufallen, stellte er fest. Nur die Reventlow verkörpert den Typ der neuen Frau, dem ein uneheliches Kind Zuwachs an Selbstvertrauen schenkt.

Rega bat ihn, mit ihr einen Spaziergang zu machen.

Es war mild, in den Vorgärten öffneten sich die Kelche der Schneeglöckchen und Krokusse, auch die blauen Traubenhyazinthen blühten. Auf einer Tanne sang frühlingssüchtig eine Amsel.

«Musst du mich allein lassen mit dem Kind?», fragte sie tonlos im Gehen. Sie vermied es, ihn anzuschauen.

«Rega ...», begann er. Schluckte. Blickte ebenfalls geradeaus. «Sieh, ich habe schon eine Familie, für die ich nicht aufkommen kann. Sei also tapfer. Du wirst es mit dem Kind alleine schaffen.»

Diese Wendung erinnerte sie an Dorns Absagebrief vom Februar 1906, also vor gut zwei Jahren. *Du wirst des Kindes nur froh werden, glaube mir, wenn Du den Entschluss fassest: Mit Deiner Existenz für seine Existenz einzustehen. Trotzig und mutig.*

Über Dorns Originalton legte sich jetzt die Folie von Ottos Sätzen. Wut und Tränen stiegen in ihr hoch, von dieser Gemütsbewegung getragen sagte sie, was ihr die Mutter aufgetragen hatte: «Otto, meine Mutter lebt von einer kleinen Rente, und ich stehe leider noch nicht auf eigenen Füßen. Uns fehlt das Geld, das Kind aufzuziehen.» – «Es ist auch das zweite», wollte sie noch beifügen, doch sie brach ab. Was soll's, dachte sie, weiß er nicht schon alles?

Für Otto war nach diesen Andeutungen klar, dass sie, die Weltfremde, wieder unter dem Einfluss der Mutter stand.

Auf der kleinen Brücke, die in der Nähe des Schwabinger Standesamtes zum Englischen Garten hinüberführt, blieb er stehen und legte den Arm um ihre Schulter. Sie hatten oben auf der Straße festlich gekleidete Menschen aus dem Portal des Standesamtes treten sehen, nun näherte sich die Gruppe, der frischgebackene Ehemann legte ebenfalls den Arm um die Schultern der Frau, die schwanger war.

Wie sein Kollege C. G. Jung empfand er die Koinzidenz solcher Szenen nicht als zufällig. Drüben spielte sich ab, was Rega und ihre Mutter und alle schwangeren Frauen sich wünschen: in der schwierigen Situation der Mutterschaft größere Sicherheit und Versorgung. Doch in der vaterrechtlichen Gesellschaft existiert keine soziale Solidarität, kein Mutterschutz, deshalb wird der Partner durch die Institution der Ehe vertraglich verpflichtet. Er, der früher lockere Vogel, muss den Ring tragen und verliert seine Freiheit, und die Frau hat als Gegenleistung ihre Sexualität anzubieten und wird damit zu einem Objekt der Scham und Unterwerfung. Die nächste Konsequenz, so dachte Gross, ist die klaustrophobe Kleinfamilie, in der der Vater die Macht hat und in der neue servile Menschen mit psychischen Störungen aufgezogen werden, weil sie sich auf privater und gesellschaftlicher Ebene dem Fremden und nicht dem Eigenen fügen. Eine kranke Gesellschaft. Sieht man in den Städten wie München und Zürich nicht bald mehr Praxen für Psychotherapie als Bäckereien? Der kalte Schweiß trat ihm auf die Stirn, seine Hand glitt von Regas Schulter.

Zurück im Zimmer an der Fendstraße, versuchte er zärtlich zu sein, doch Rega wandte sich von ihm ab.

«Sei stark», murmelte er hilflos.

Und als sie schluchzend sagte, sie sehe keine Zukunft, wünschte, sie wäre tot, nahm er sie in die Arme und wiegte sie.

Er wiegt mich wie ein Todesengel, dachte sie, er weiß keinen Trost.

3

Anfang April, nach dem strengen Münchner Winter, explodierte in den Vorgärten am Nikolaiplatz das Gold der Forsythiensträucher. Im Park der neu erbauten Villa, die man später die Seidelvilla nannte, zeigten die Kastanien hellgrüne Blatthändchen.

Wie der Frühling, nach innerer Gesetzmäßigkeit, gedieh auch Regas Kind. Zwar deutete erst eine zarte Wölbung unter der Bluse seine Gegenwart an, doch für Mutter Ullmann war es höchste Zeit, dass sie aus den Wolken ihres Wunschdenkens fiel und ihr angeborener realistischer Sinn sie einholte. Noch einmal entfaltete sie eine fieberhafte Tätigkeit. Es galt, die Ehre der Familie in einem erneuten Einsatz zu retten, auch nahm sie sich vor, diesmal den Erzeuger energisch zur Kasse zu bitten.

Aus diesem Grund suchte sie an einem regnerischen Frühlingstag Frieda Gross auf. Frieda wohnte in einer vom Schwiegervater bezahlten Wohnung an der Menzingerstraße im vornehmen Nymphenburg-Viertel. Doch mehr als für den Unterhalt reichte die monatliche Zuwendung nicht, so verfügte Frieda nur jeden zweiten Tag über eine Haushaltshilfe. An diesem Vormittag, als die Ullmann ohne Voranmeldung eintraf – noch waren Telefone eine Seltenheit –, war Frieda gerade dabei, dem kleinen Peter seinen Gemüsebrei einzulöffeln.

Die Küchentür steht offen, eine Glocke von Essensgerüchen hängt im Zimmer, über einer Stuhllehne trocknen Windeln.

Hedwig Ullmann, im dunklen Rüschenkleid und mit schwarzem Hut, setzt sich der Mutter-Kind-Idylle gegenüber. Eine personifizierte Hiobsbotschaft. Als sie sich zum Sprechen vorneigt, gerät der schwarze, turmartige Kopfaufbau ins Wanken.

Frieda, das Kind fütternd, hört sich an, dass die Ullmann-Tochter von ihrem Ehemann Otto schwanger ist.

«Aha, die Therapie hat angeschlagen!» In ihrer Stimme schwingt Schadenfreude mit.

Die Ullmann beteuert, sie habe von dem Verhältnis nichts geahnt.

«Wirklich?» Friedas Lippen kräuseln sich spöttisch.

«Wie sollte ich? Ihr Mann, Frau Dr. Gross, behandelt doch hinter geschlossener Tür!» Nach einer Verlegenheitspause schießt die Ullmann auf ihr Anliegen los. «Der werdenden Mutter steht von Gesetzes wegen vom Kindsvater Geld zu. Otto Gross ist seit Tagen nicht zu erreichen. So bitte ich um Verständnis, dass ich mich an Sie wende.»

Frieda macht eine Kopfbewegung, als sei da ein lästiges Insekt zu verscheuchen. «Ich muss selbst schmal durch. Otto kann nichts zu unserem Unterhalt beitragen, das wenige, was ich bekomme, erhalte ich von seinem Vater in Graz.»

«Dann empfehlen Sie mir ein Bittgesuch an Hans Gross?», fragt die Ullmann lauernd.

«Versuchen können Sie es. Doch wie im Fall der Else Jaffé wird er kaum mit Alimenten herausrücken.»

«Es steht meiner Tochter aber gesetzlich zu!»

Frieda blickt ihr Gegenüber groß an, ein schmales Lachen spielt um ihren Mund. «Gesetz, Gesetz! Wissen Sie, dass in München täglich uneheliche Kinder zur Welt kommen? Die alte Moral hat abgedankt.»

«Da hat wohl Ihr Gatte einiges dazu beigetragen mit seiner Theorie von der libertären Gesellschaft», sagt die Ullmann spitz.

Darauf die Gross seufzend: «Ja, die leidige Polgamie!» (Auch Jahre später, Max Weber gegenüber, wird sie dieses Wort so aussprechen.) «Sie bringt für die Ehefrau nur Ungemach! Doch vergessen wir nicht, Otto Gross ist ein Prophet, da darf man keine normalen Maßstäbe anlegen! Ende dieses Monats wird er auf dem internationalen Psychoanalytischen Kongress in Salzburg erwartet, Vater Gross hat angeordnet, dass ich mit meinem Mann im Hotel Bristol teilnehme, unsere Zusammengehörigkeit soll, allen üblen Gerüchten zum Trotz, öffentlich bezeugt werden.» Leiser Triumph liegt in ihrer Stimme. Ihre Nase (Kenner im Café Stefanie bezeichnen sie als Nofretete-Nase, weil sie in gerader Linie zur Stirn verläuft) zeigt auf ihr Gegenüber, der Löffel mit dem Möhrenbrei bleibt in der Luft hängen. Das Kind, dem die Nahrungszufuhr nicht schnell genug geht, schreit. Frieda holt rasch Nachschub, doch Peterchen schlägt ihr den Löffel mit einer zappeligen Bewegung aus der Hand, der Brei spritzt, rote Flecken jetzt auf der Bluse, die schon von einer Spinatmahlzeit verkleckert ist.

Hedwig Ullmann erhebt sich würdevoll. «Bitte entschuldigen Sie die Störung.» Mit einem besorgten Blick fügt sie hinzu: «Nicht wahr, dieses Gespräch bleibt, wohl auch in Ihrem Interesse, ganz unter uns?»

«Nur Else Jaffé wird davon erfahren. Else, wissen Sie, gehört zur Familie.»

Der Regen zwang Mutter Ullmann, nach ihrem Besuch unter der triefenden Plane eines Gemüsehändlers auf eine Droschke zu warten. Als sie einstieg, ergoss sich von ihrem Hut wie aus einer Dachtraufe ein Schwall auf ihr Kleid. Sie versuchte dem Wasser auszuweichen, schimpfte.

Auf das «Wohin?» des Kutschers sagte sie: «Zum Café Stefanie, Ecke Amalienstraße.»

Sie hatte sich blitzschnell entschieden, nicht nach Hause zu ihrer traurigen Tochter zu fahren. Ausgelaugt, wie sie war, verlangte es sie jetzt nach einer Tasse Kaffee, einem vernünftigen Gespräch. Wenn immer möglich, wollte sie persönlich mit Else Jaffé sprechen, bevor sie die Nachricht von Frieda Gross bekam.

Das *Stefanie* war am Vormittag schwach besetzt, auf dem Weg zu ihrem Marmortisch bemerkte Hedwig Ullmann, dass zwei Frauen die Köpfe zusammensteckten und kicherten, das Wort «Therapie» fiel. Es bestätigte sie in der Vermutung, dass einige Leute schon von den Vorgängen an der Fendstraße Kenntnis hatten. Zeit, dass Rega abreist, dachte sie. An einem der Schachtische fiel ihr das lurchartige Gesicht mit den dicken Brillengläsern von Edgar Jaffé auf, er las im Finanzteil seiner Zeitung. Da teilte sich der schwere Friesvorhang, und Else stürmte herein, noch im Regenmantel wechselte sie ein paar Worte mit ihrem Mann und wandte sich gleich wieder zum Gehen. Doch Hedwig Ullmann war aufgestanden und bat eindringlich um eine Unterredung.

Else stutzte, blickte auf ihre Uhr, setzte sich aber doch an den Ullmann-Tisch. Als sie von Regas Geschichte hörte, verdunkelten sich ihre grauen melancholischen Augen, um ihren schönen Mund legte sich ein bitterer Zug. Zu Hause wartete der fünf Monate alte Sohn, den Otto Gross gezeugt hatte, doch an ihn dachte sie nicht, sie war jetzt, wie früher in

Mannheim als Fürsprecherin der Arbeiterinnen, ganz Ohr für ein fremdes Schicksal.

«Und wie geht es Ihrer Tochter?»

«Sie ist verzweifelt. Ach, könnten Sie mit ihr sprechen?»

Else entschied, ihre Besorgung zu verschieben. «So wollen wir gleich eine Droschke an die Fendstraße nehmen, Frau Ullmann.»

4

Rega erwachte am Schreibtisch aus ihrem dumpfen Brüten, ihr Gesicht hellte sich auf, als sie Else eintreten sah. Die beiden Frauen umarmten sich stumm.

Während Frau Ullmann über die Straße ging zur Wirtschaft Weinbauer, um eine Kleinigkeit zum Essen zu besorgen, erklärte Else in Regas Zimmer, sie wolle Klartext reden. Sie verfüge über keine eigenen Geldmittel, sie könne Regas und Ottos Kind in ihrer jetzigen familiären Situation nicht adoptieren. «Aber, Rega», sagte sie eindringlich, und ihre grauen Augen hefteten sich auf die Schwangere, «ich werde dein und Ottos Kind nie aus den Augen lassen! Ich werde mich um es kümmern, so oft ich kann. So verschieden wir zwei Frauen sind, es verbindet uns das gleiche Schicksal, die Liebe zu Otto Gross oder das, was davon übriggeblieben ist!»

Wie immer, wenn Rega überrascht und gerührt war, blieb sie stumm.

Else kannte das schon und sagte: «Gross hat also den Kontakt mit dir abgebrochen, seit er von deiner Schwangerschaft weiß?» Wieder erwartete sie keine Antwort. Sie machte einen

Schritt zur Fensternische, nahm erstaunt ein von Gross zurückgelassenes Fläschchen in die Hand, dem Rega keine Beachtung geschenkt hatte.

«Hat Gross das hiergelassen?»

Rega nickte. «Wohl eins von seinen vielen Medikamenten …»

«Versprich mir, dass du nichts davon nimmst!», stieß Else mit großer Heftigkeit hervor. «Es sieht ganz danach aus, als wolle der Herr Therapeut dir zum Suizid verhelfen … Ach, die Drogen machen ihn kaputt», murmelte sie dann, wie zu sich selbst. «Mir scheint, sie machen ihn ganz und gar verantwortungslos.»

Am Mittagstisch begaben sich die drei Frauen in ihrer Konversation auf unverbindliches Terrain, nur beim Abschied kam Else nochmals auf die Angelegenheit zurück. «Glaube mir», sagte sie zu Rega gewandt, «Gross wird von mir noch einen ernsten Brief bekommen.»

In diesem Brief stand unter anderem:

Lieber Otto,

(…) Ich will Dir aber gern zugeben, dass ich zuerst fand, man müsse Dich irgendwie dazu bringen, die Beziehung mit Rega U. aufzugeben. Jetzt sehe ich den Konflikt doch anders – diese Beziehung, Deine – wie wir von uns aus es sehen müssen – Rücksichtslosigkeiten gegen Frieda sind nur Symptome einer tief in Deiner Natur begründeten Entwicklung.

Frieda hat ganz recht, als sie mir im Sommer sagte: ‹Siehst Du nicht, dass Otto der Prophet ist, für den es nur heißen kann: wer nicht für mich ist, ist wider mich.›

Jetzt hat der Prophet gewissermaßen den letzten Rest vom Menschen Otto ganz in seinem Feuer verbrannt, hat ihm auch die Fähigkeit genommen, einen Menschen, ein Individuum individuell, dessen Eigenart angepasst, zu lieben. (…) Es gibt jetzt nur noch

Nachfolger Deiner Lehre, nicht mehr ein bestimmtes, um seiner Eigenart willen geliebtes Weib. (...)

Eines aber muss ich noch sagen. Es scheint mir auch deshalb so nutzlos, Dir oder Deiner Sache Opfer zu bringen, weil Du selbst durch das sinnlose Wüten auf Deine Gesundheit Deine Leistungsfähigkeit zerstörst. Wir wissen ja gar nicht, wie viel von dem, was uns Deine Ideen unannehmbar macht, die Kritiklosigkeit, der gänzliche Mangel an Nuancierung und Unterscheidungsfähigkeit den einzelnen Menschen gegenüber, am Ende vom Morphium kommt. – Wie dadurch auch die äußeren Seiten des Zusammenlebens erschwert werden, weißt Du ja.

Im Café Stefanie, wo Otto Gross jetzt nur noch nach Mitternacht auftauchte, konnten die paar Freunde, mit denen er bis in den Morgen becherte, nicht ahnen, wie tief der Doktor in der Krise steckte. Das Kokain hielt ihn wach und gesprächig, was immer ihn plagte, blieb seine private Sache. Er kam sich unsäglich verlassen vor, von seiner eigenen Sache verraten. Gegen ihn, den Befreier der Frauen, hatten sich selbst seine Lieblinge verschworen: Frieda Schloffer und Else, die Richthofen-Tochter. Beide hatten ihm einen Peter geboren und nannten ihn, den Erzeuger, augenzwinkernd «unseren Bub», beide verlangten von seinem Vater finanzielle Unterstützung und brachten ihn so bei Hans Gross in Misskredit.

Selbst Frieda Weekly hatte ihn bitter enttäuscht. Seine «Frau der Zukunft» war in die Vergangenheit zurückgereist! Zurück zu dem ungeliebten Ehemann in das spießige Nottingham! Dabei hatte Otto sie bekniet, ihre Kinder nach München zu holen und einen «herrenlosen» Hausstand zu gründen.

Und jetzt der Bruch seiner Beziehung zu Rega Ullmann. Auf seine Art hatte er sie, allen Einwänden zum Trotz, geliebt, an ihren Genius geglaubt. Kraft und Zeit an ihre Heilung verwandt. Mit Stolz hatte er die ersten Erfolge wahrgenommen, den Zuwachs an Selbstvertrauen und Lockerheit. Und nun die Schwangerschaft, der Rückfall in alte Abhängigkeit.

Ein einziger von den späten *Stefanie*-Gästen ahnte, wie schlecht es um Otto Gross stand: Ernst Frick, Schweizer Anarchist, den er damals in Ascona kurz kennengelernt hatte. Mit Frick, dem Bergnarren, war er auf die Keltenhügel oberhalb des Lago Maggiore geklettert, und abends hatten sie an einem Granittisch Gespräche über eine notwendige Veränderung der Gesellschaft geführt. Frick, aus einfachen Verhältnissen stammend, gelehrter Gießer, war sehr belesen und feinfühlig, sie hatten sich im Innersten verstanden. Frick kämpfte auf seine Weise für eine bessere Menschheit, er redigierte die militante, mehrfach verbotene anarchistische Zeitschrift *Der Weckruf*. Um einen in Zürich eingesperrten revolutionären Russen vor der Auslieferung an seine Heimat zu bewahren, hatte er mit einer selbstgebastelten Bombe ein Zürcher Tram entgleisen lassen, nun hielt er es für ratsam, eine Weile in München unterzutauchen. Im Café Stefanie nahm sich der hagere Mann mit seiner Berglernase, dem kernigen Schweizerdialekt unter den Mitternachtsgästen aus wie ein erratischer Block. Er sah Gross leiden. Und er legte die Hand auf seine Schulter: «Erinnerst du dich, wie du in Ascona unser Doktor Askonas warst? Zeit für uns beide, zu den Keltenhügeln zurückzukehren!»

5

Zur selben Zeit wurde auch Ottos Vater, der Kriminalpsychologe Hans Gross, von den widersprüchlichsten Elterngefühlen gepackt. An einem Abend lud er seinen Nachbarn Zöchbauer ein, einen Schulrektor, der in Graz bei Eltern und Schülern beliebt war, aber zu seinem Bedauern nie eigene Kinder bekommen hatte.

«Kinder sind eine Pest», sagte am Tisch Hans Gross.

«Elternliebe ist die reinste Liebe», sagte Frau Gross mit einem strafenden Seitenblick auf den Gatten.

«Aber Kinder wollen nie, was Eltern wollen», erwiderte Gross.

«Ach?» Zöchbauer lächelte. «Kinder, weißt du, haben vermutlich andere Wege zu gehen, ihre Zeit ist eine andere.»

Zöchbauer erinnerte sich, wie stolz Gross vor Jahren gewesen war mit dem blonden Kleinen an der Hand. Ein eigenwilliges, kluges Kerlchen, sein Mini-Ich. Doch Gross wollte den Jungen nicht nur durch die Straßen von Graz, sondern auch nach und nach in seine eigene Weltschau hineinführen, ihn lehren, was im Leben erstrebenswert, was zu verachten war. Er überließ den kleinen Prinzen keinen Dienstboten, nur die Mutter durfte ihn nach den väterlichen Richtlinien hegen und pflegen. Der Vater überwachte die schulischen Fortschritte, reizte durch Belohnung zu besonderen Leistungen.

Hans Gross hatte eine Vision: Otto, sein Sohn, wird Arzt und Dozent an der Grazer Hochschule. Otto, ein lebendiges Beispiel der positivistischen Vererbungslehre, trägt die väterlichen Talente und Werte weit über die väterliche Lebenserwartung hinaus. Otto, seine Verlängerung.

Anfangs verlief denn auch alles wie gewünscht. Ein kleines Wunderkind wuchs heran, würdiger Sohn des berühmten

Kriminalpsychologen. Natürlich hatten sich auch dann und wann kleine Konflikte ergeben, Otto zeigte manchmal eine kindliche Weichheit, Mitleid mit Tieren zum Beispiel. Der Junge, so tröstete sich der Vater, würde schon noch härter werden, wichtig war in der Erziehung eine starke Hand, denn die Welt, wie Hans Gross sie aus seiner Perspektive kannte, war voll von Weichlingen: Pathologen, Schwulen, Kriminellen. Diese Degenerierten sollte man alle auf eine einsame Insel verbannen. Sein Projekt ‹Strafkolonie›, mit dem sich auch der Dichter Franz Kafka befasste, wartete noch auf die Verwirklichung, einstweilen bemühte sich Hans Gross, mit seinen Theorien und Schriften die Welt von diesem menschlichen Abschaum zu befreien.

«Die Schule muss härter durchgreifen», hatte er einmal zu Zöchbauer gesagt, «die Schüler trödeln nach dem Unterricht auf dem Heimweg, manche spielen sogar auf der Straße Ball! Ordnung und Gesetz, das sind Prinzipien, die in der Erziehung zum Tragen kommen müssen!»

«Ach, Gross», hatte Zöchbauer geantwortet, «so einfach ist das nicht. Mir scheint, du wünschst dir Kinder mit einem Schlüssel im Rücken, der vom Vater nach Plan aufgezogen wird? Mit einem Uhrwerk im Innern, das nach Wunsch tickt?»

Otto tickte jedenfalls richtig. Mit zwanzig war er Arzt. Dank Vaters Einfluss winkte an der Universität Graz schon die Dozentur. Ein bisschen Welterfahrung konnte ihm vorher nicht schaden, also als Schiffsarzt auf nach Südamerika! Auf der Überfahrt machte ihn eine junge Ärztin mit Wundermitteln gegen seelische Verstimmung bekannt … Opium. Kokain.

Drogen, ein Sesam-öffne-dich.

Die Vaterwelt verlor an Umriss und Schärfe, wurde zur

Pappkulisse, die sich wie auf einer Bühne auseinanderschieben ließ, Otto schlüpfte durch den Spalt in die Anderswelt.

Staunend nahm er Dreidimensionales wahr, Farbenfrohes, Unerahntes.

Der Vater wartete in seiner Welt, die er für die einzig richtige hielt, auf die Rückkehr des Sohnes. Die Mutter war verzweifelt, der Vater litt stumm.

Der Sohn kam erst spät und verstört zurück. Bat sofort um Geld, um sich neuen Eintritt in die Anderswelt zu verschaffen. Der Vater erkannte, das Finanzielle war jetzt der einzige Nabelstrang, der seinen Sohn an ihn band. Eine wichtige Verbindung, gewiss. Bis der Sohn wieder zurückfinden würde zur Normalität, ließ sich auf diese Weise Macht ausüben.

Doch die Vernunft, die mit dem Sohn auf Weltreise gegangen war, kehrte einstweilen nicht zurück.

Damals begann, was der Vater die «unglücklichen Weibergeschichten» nannte. Otto, zu sensibel und gutgläubig, ließ sich von Frauen um den Finger wickeln, vielmehr: Sie blieben an ihm kleben. «Du musst sie wegschnippen, sie wollen nur dein Geld», befand der Vater. Aber der Sohn, zu einfühlend, wurde die Bewundernden, die Schmachtenden, die Verliebten nicht mehr los. Zum Glück ließ sich mit Vaters Geld einiges wieder in Ordnung bringen. Otto muss sofort heiraten, beschloss die Familie. Aber wen? Die Grazerin Frieda Schloffer, eine hübsche, kluge Frau aus mittelloser, doch anständiger Familie, gefiel beiden, Sohn und Vater.

Die Ehe kam nach Ottos erstem Drogenentzug im Zürcher Burghölzli im Februar 1903 zustande. Von Frieda wurde erwartet, dass sie den jungen Ehemann von den Drogen und dem unvernünftigen Lebenswandel abbringe. Der Schwiegervater bezahlte die Wohnung in der Nähe des Nymphenburger Schlosses, Frieda hatte ihn zum Dank über Ottos Befindlichkeit auf dem Laufenden zu halten. So war der Schwiegervater über alles unterrichtet: über die Entziehungskur in Ascona, über Friedas Schwangerschaft und die Geburt des kleinen Peter, über Ottos Rückfall in die Droge, seine zweifelhaften Freunde aus der Boheme im Café Stefanie.

Im Frühjahr 1908 häuften sich die schlechten Nachrichten.

6

Auch Mutter Ullmann war in jenem April 1908 besorgt.

Was war zu tun, damit das Leben der Tochter nicht schon mit fünfundzwanzig zerstört wurde durch zwei uneheliche Schwangerschaften, und dazu noch von verschiedenen Vätern? Man würde Rega für ein zu willfähriges, leichtsinniges Mädchen halten, dabei war sie im Gegenteil schwerlebend und weltfremd, aber machten nicht diese Eigenschaften Frauen für Verführer zu einer leichten Beute? Ach Gott, auch mich trifft Schuld, dachte die Mutter. Habe ich nicht die unerfahrene Rega in Wien vertrauensvoll diesem Dorn überlassen, in der Annahme, dass er die *Grenze* respektiert. Und dann, als wäre nicht schon genug geschehen, habe ich diesem Psychotherapeuten für seine «Behandlungen» den Schlüssel ihres Zimmers gegeben! Das Kind wird schon im Sommer zur Welt kommen, wo Rat und Geld holen?

Noch einmal will sie Frieda Gross aufsuchen. Doch in der Straßenbahn erinnert sie sich an die bedrückende Szene, an die Unordnung, das plärrende Kind, nein, das will sie sich nicht wieder antun. Seit dem Morgen denkt sie über Lösungen für ihre Probleme nach, plant und verwirft und plant und verwirft, und wie immer, wenn es sich in ihrem Kopf knäuelt, ist sie versucht, einen neuen Hut zu kaufen. Ein schicker Kopfdeckel, der sie behütet, ein Schutzschild gegen die Unbill des Lebens. So steigt sie aus der Straßenbahn und geht anstatt nach Nymphenburg zu Fuß Richtung Rosental zum jüdischen Kaufhaus Uhlinger, das in Modeangelegenheiten zu empfehlen ist.

Ohne Absprache ist an diesem Morgen auch Rega unterwegs, um sich bei Uhlinger eine weite Bluse zu kaufen. Im Vorbeigehen sieht sie in der Hutabteilung ihre Mutter vor dem Spiegel stehen. Frau Ullmann hat nur Augen für den Hut, beide Hände halten sich am Filzgebirge, biegen es zurecht, versetzen ihm mit dem Handteller Klapse. Die Tochter beobachtet aus der Distanz. Zum ersten Mal fällt ihr auf, dass auch das Gesicht der Mutter formlos geworden ist, unter dem Aufbau des Hutes erscheint es schlaff, voller Falten und Dellen, als habe das Leben auch ihm Schläge versetzt. Soll das meine Mutter sein, denkt sie voller Befremden, bin ich wirklich einmal hilflos in ihrem Bauch gewesen? Ach, nie mehr will ich schrumpfen und dort Schutz suchen! Wäre ich doch wie meine Schwester Helene weit vom Schuss! Die Mutter verzweifelt, wenn keine Nachrichten aus England kommen, erwartet sehnsüchtig die immer seltener werdenden Briefe: «Rega, kannst du dir erklären, warum sie sich nicht meldet? Habe ich mich nicht ein Leben lang für Helene und dich aufgeopfert?»

«Ja, Mutter, das hast du.»

Opfer, ein Mutterwort. Solche Gedanken sind Rega bisher fremd gewesen. Oder waren sie schon immer da, unsichtbar, Gewächse auf dem Seelengrund, und jetzt, unter Ottos Einfluss, streben sie nach oben und öffnen ihre Blüten über dem Wasserspiegel? Wie dem auch sei, sie wundert sich, fühlt sich schuldig.

Währenddessen steht Hedwig Ullmann immer noch vor dem Spiegel mit diesem gewaltigen kreppschwarzen Hut. Wie kann Rega auf sie zugehen, solange ihr noch die Abwehr auf der Stirn geschrieben steht? So schleicht die Tochter, von der Mutter unbemerkt, zur Damenkonfektion. Die Verkäuferin zeigt Rega eine weite Bluse, mit Kornblumen blau bestickt, «Geblümtes», sagt sie, «lenkt von überflüssigen Rundungen ab».

Nach dem Einkaufen beschließt Rega, ihrem Verlangen, Otto zu sehen, nachzugeben, zumal sie gehört hat, es gehe ihm schlecht. Dass sie damit ein Verbot der Mutter missachtet, gibt ihr ein merkwürdig gelöstes Gefühl. In der Türkenstraße spiegelt sich die Sonne in den Pfützen, junge Paare, Mappen und Bücher unter den Armen, strömen aus der Universität und setzen sich in die Straßencafés. Rega biegt in einen der Hinterhöfe ein, steigt eine Treppe hinauf, neben der Tür im obersten Stockwerk hängt ein neues, handgeschriebenes Schild: *Dr. Gross, in Österreich approbierter Arzt, Psychotherapeut.*

Die Tür ist unverriegelt. Im Vorraum sind noch immer die traurigen leeren Wartestühle, die zerfledderten Zeitschriften. Der dachbodenartige Raum dahinter grau, wie von Spinnweben erfüllt. Durch eine offene Tür sieht sie Otto auf dem Bett liegen. Da treibt er, den Blick nach oben gerichtet, wie auf einem führungslosen Kahn.

«Otto?»

Er bleibt reglos.

«Otto, sag, hast du Schmerzen?»

Er nickt. Spricht undeutlich.

Hat er zu viel Drogen genommen oder zu wenig? Kopfweh, Muskelschmerzen? Sie kniet sich vor sein Bett. Legt den Kopf auf seinen Arm, wünscht mit ihm unterzugehen. Später wird sie schreiben: *Sie dachte wohl an den Tod. Und sie müsste nicht jung und trotz ihres ratlosen Wesens leidenschaftlich gewesen sein, wenn sie ihn nicht in diesem Augenblick herbeigesehnt haben würde. Er ist der Bruder des Glückes. Enterbt, hinausgeschickt aus der Welt der Freuden, der Hoffnungen. Und ohne sie kann man nicht leben.*

Das Fläschchen in der Fensternische ... ach, Gift wird es wohl nicht sein, hat Else Jaffé nicht einen Hang zur Übertreibung? Und wenn, dann hätten sie in der Zeit ihrer Zusammengehörigkeit gemeinsam sterben sollen. Nun schreitet das Leben gefühllos voran, jeder weitere Tag trennt sie unweigerlich voneinander.

Die wunderbare Zeit ihrer Liebe. «Halte die *Grenze* ein», hat die Mutter damals gesagt, und behutsamer noch als Dorn hat Gross sie über die Grenze getragen. In der Entgrenzung, dem Topos der Liebe, hat sie sich selbst bewohnt. Ihr Körper und ihre Seele, sonst feindliche Geschwister, für einmal im Einklang.

Doch ist Liebe nicht auch gefährlich? Gleicht sie nicht dem Fieber, das den Vater nach der heißgeliebten Jagd ums Leben gebracht hat? Liebe und Tod, sie werden auch später in den Geschichten der Schriftstellerin Regina Ullmann zusammengehören. Da ist der Alphirt in *Anfang und Ende einer bösen Geschichte*, den die Liebe zu einer Dreizehnjährigen packt und dem dieser Gefühlsrausch das Leben kostet. Da ist der Bauer in der Geschichte *Von einem alten Wirtshausschild*, der von der Liebe zu einem schwachsinnigen Mädchen befallen ist. Um der ungehörigen Leidenschaft zu entfliehen, heiratet er irgendeine Frau. Doch die Geliebte, ein halbes Naturwesen, rächt sich.

Wie groß auch mein Schmerz ist, ich entscheide mich für das Leben. Rega legt ihre Hand in beschützender Geste auf ihren Bauch. Sein Kind wächst in mir, voll Verlangen nach dem Leben wird es bald meinen Körper verlassen …

Mit einem Ruck richtet sie sich auf. Er bemerkt, dass sie in der Tür steht, hebt mühsam den Kopf. Plötzlich vermag er klar zu sprechen. «Rega», sagt er, «ich behalte dich lieb.»

Sie hängt dem Klang dieses Satzes nach, für Monate das einzige Pfand der Verbundenheit. Darauf hört sie sich wie von weitem sagen: «Sobald ich auf eigenen Füßen stehe, Otto, will ich dein Kind von seinem Pflegeplatz zurückholen. Es wird mir eines Tages Freude machen.» (Später, wenn sie die fünfzehnjährige Camilla vor sich sieht, wird sie sich an diesen Satz erinnern.)

Doch auf dem Heimweg nehmen in ihr Schmerz und Zorn überhand: Wo ist er jetzt, der starke Liebende, der mir helfen wollte, meine Einsamkeit zu überwinden? *Menschliche Beziehung auf neuer Basis, das ist Deine Zukunft … Weg von der Mutterbindung und den Zwängen der Tradition, hin zu Deinem Eigenen …* Sie lacht bitter. Und wo bin ich gelandet? Zurück am Schürzenzipfel der Mutter, die bis in alle Einzelheiten plant, wie die Ullmanns zum wiederholten Mal der Schande entgehen …

Hedwig Ullmann erfährt beinahe gleichzeitig durch eine Bekannte, die an der Türkenstraße einen Trödelladen führt, von Regas Besuch bei Gross. Sie empfängt die Tochter schon im Hausflur. Sie wächst mit dem neuen Hut zu beeindruckender Größe und macht auf gewohnt impulsive Art ihrer Empörung Luft. «Ich stehe zu dir, mein Kind, aber wenn du ihn weiter aufsuchst, nach allem, was geschehen ist, bin ich mit dir fertig!»

Unter diese nutzlose und gefährliche Beziehung, so beschließt Hedwig Ullmann, muss ein Schlussstrich gezogen werden! Rega soll, auch aus diesem Grund, noch diesen Monat fort nach Wien. Die Frauenärztin Bublinger, Regas Beraterin schon beim letzten Malheur, soll der Schwangeren in Wien eine billige Pension vermitteln und die Adresse einer Gebäranstalt, wo sie, der Diskretion wegen, ohne Anmeldung gebären kann. Frau Ullmann will den Baron du Moulin, Professor für Geschichte an der Technischen Hochschule, in seinem Büro aufsuchen, er, ein Ehrenmann, hat schon für die kleine Gerda die Vormundschaft übernommen, die Veröffentlichung im Amtsblatt unter den unehelichen Geburten hat dank ihm vermieden werden können. Das alles kostet. Es bleibt ihr nur übrig, Verwandte ohne Erwähnung des wahren Grundes um ein Darlehen zu bitten. Ach, die mühsamen Bittgänge! Und Rega ein Bremsklotz, weil sie sich weigert, um Geld zu schreiben. Zu vornehm, einem du Moulin den Namen des Vaters zu nennen! Doch Frau Ullmann weiß, dass die Not ihre Tochter lehren wird, solche Zimperlichkeiten abzulegen.

7

Nach den Hiobsbotschaften, die aus der Menzingerstraße kamen, kämpfte Hans Gross verzweifelt um seinen Sohn, der offenbar alles daransetzte, die väterlichen Prinzipien zu verspotten. Um den Ruf der Familie zu retten, begann der Vater Aktivitäten aller Art zu unternehmen, er tat es zornig, verbissen.

Auf sein Betreiben hatte Frieda ihren Ehemann mit List aus seinem Loch an der Türkenstraße in die Wohnung in Nymphenburg geholt. Doch der erwartete Erfolg, ein geregeltes Leben, blieb aus: Otto nehme mehr Drogen denn je, schrieb sie, zum Kokain sei eine beträchtliche Dosis Opium dazugekommen, die Narkotika kosteten, so rechnete Frieda vor, monatlich hundert Mark. Sie halte das Zusammenleben nicht mehr aus. Müsse auf *chambre separée* bestehen! Otto verdrecke sein Zimmer, wechsle weder Unterwäsche noch Kleidung, lasse nachts Licht brennen … Er habe vor, auszuziehen, in eine Parterrewohnung an der Mandlstraße.

Hans Gross geriet auch über andere Klagen in Aufregung: Otto habe eine seiner Patientinnen, eine junge Jüdin, geschwängert und sie zum Suizid verleiten wollen. Sein Sohn beginne, *unberechenbar* und *gefährlich* zu werden, Worte, die Else Jaffé zu Frieda gesagt hatte. Frieda schrieb sie getreulich an den Schwiegervater nach Graz, und Hans Gross wiederholte sie in einem Brief an Sigmund Freud.

Es musste sofort gehandelt werden, Hans Gross ging es auch um seinen eigenen Ruf. Noch stimmte nach außen hin alles, Otto war an der Universität der Vaterstadt Graz dem Titel nach noch Dozent, auch wenn er nie Vorlesungen hielt und hartnäckig darauf bestand, in München zu leben. Frieda und Hans Gross kamen überein, nur eine Kur in der Psychiatrischen Anstalt Burghölzli in Zürich könne noch helfen, schließlich habe Otto schon im Jahre 1902 dort gute Erfahrungen gemacht. Der Zeitpunkt, Otto von der Bildfläche verschwinden zu lassen, war geschickt gewählt, denn von der Mutter der geschwängerten Rega Ullmann waren Geldforderungen eingetroffen.

Hans Gross stürzte sich in eine hektische Schreibtätigkeit, Briefe gingen an Eugen Bleuler, den Direktor des Burghölzli, an den dortigen Oberarzt Carl Gustav Jung und an Sigmund Freud nach Wien. Dr. Freud, ein alter Bekannter der Familie, sollte dank seiner Autorität die Einweisung in die stark belegte und renommierte Anstalt in Zürich veranlassen.

Die Kur im Burghölzli müsse als Ottos Idee ausgegeben werden, hatte Hans Gross an Eugen Bleuler geschrieben: *Direkt können wir auf ihn nicht einwirken, da es zu einer seiner Ideen gehört, dass Eltern ihre Kinder nicht beeinflussen können.* Im selben Brief bedankte sich Hans Gross für die Erlaubnis, *dass wir der Welt sagen dürfen, mein Sohn sei zu Studienzwecken in Burghölzli, so können wir ihn vielleicht noch halten, und auch seine Dozentur könnte geschützt werden. (...) Ich wiederhole nochmals den allerinnigsten Dank; was Sie uns tiefgebeugten Eltern diesfalls tun, mögen Sie als große Wohltat ansehen! Ihr verehrungsvoll ergebener und dankbarer Kollege H. Gross.*

An der Bergstraße in Wien wurde Sigmund Freud, mehr, als ihm lieb war, durch Korrespondenz von seinen theoretischen Schriften abgelenkt. In letzter Zeit stand er in regem Briefverkehr mit seinem Schüler Jung, der Jüngere misstraute der freudschen Theorie von der generellen Verursachung von Hysterie und Dementia praecox durch sexuelle Traumata. Solche «Misshelligkeiten», wie Freud sie nannte, waren zwar ärgerlich, sollten jedoch zwischen ihm und dem begabten Schüler zu keiner Entzweiung führen. Der Jüngere, so meinte er, brauche eben Zeit, ähnliche Erfahrungen zu machen wie er, Freud, in den letzten fünfzehn Jahren. Freud erwähnte dann in einem Brief auch das bevorstehende Treffen der Psychoanalytiker in Salzburg. Für ein gemeinsames Plauderstündchen werde wohl Zeit bleiben, schrieb er. *Otto Gross wird uns allerdings auch beschäftigen; er bedarf jetzt dringend Ihrer ärztlichen Hilfe, es ist schade um den hochbegabten und überzeugten Mann. Er steckt im Kokain und dürfte zu Beginn der toxischen Kokainparanoia stehen. Für seine Frau habe ich große Sympathie, eine der wenigen Germaninnen, die mir je gefallen haben.*

Am 27. April begann das Salzburger Treffen. Otto Gross zeigte sich selten, es hieß, er fühle sich im Hotel beobachtet. In Kollegenkreisen munkelte man schon von Paranoia und war dann überrascht, als Gross im Rahmen der Versammlung eine brillante Rede hielt. Er sprach von neuen sozialen Perspektiven, die sich durch die Psychoanalyse eröffneten, wirke sich doch die Erschließung des Unbewussten auf das Gesamtbild der Kultur aus, eine Veränderung der ethischen und sozialpolitischen Vorstellungen der Gesellschaft stehe bevor.

Freud kamen diese Ausführungen auf beunruhigende Art visionär vor, er weigerte sich zu diesem Zeitpunkt, den Höhenflügen eines Otto Gross zu folgen. Seine abschließende Bemerkung: *Wir sind Ärzte und wollen Ärzte bleiben*, wirkte auf Gross ernüchternd. (Viel später, als Gross schon aus dem Bewusstsein der Fachkreise verdrängt ist, wird Sigmund Freud auf seine Erkenntnisse in dem Aufsatz *Vom Unbehagen der Kultur* zurückgreifen.)

Otto Gross hatte inzwischen freiwillig sein Einverständnis gegeben, sich von Jung analysieren zu lassen, doch er stand im Spannungsfeld zwischen dem Altmeister Freud und dessen rivalisierendem Schüler. Freud schrieb am 8. Mai 1908 ein Einweisungszeugnis und notierte für Jung auf einem beigelegten Zettel: *Anbei das Zeugnis für Otto Gross. Wenn Sie ihn haben, lassen Sie ihn nicht vor Oktober, wo ich ihn übernehmen kann, aus.*

Jung war jedoch klar, dass er die Analyse des prominenten Patienten selbst vornehmen würde.

8

Am 18. Mai trat Otto Gross bei schönstem Frühlingswetter in die Anstalt Burghölzli in Zürich ein.

Frieda, die ihn begleitete, ließ ihren Ehemann erleichtert in einem Zimmer hinter diskret vergitterten Fenstern zurück. Sie selbst wohnte in einem kleinen, schmucken Hotel unten in der Stadt, doch an den ersten zwei Tagen kam sie auf Wunsch von Jung zur Aufnahme der Anamnese nochmals in die Anstalt. Sie war ihm von Freud als sensible und intelligente Person empfohlen worden, kein Grund also, sich nicht auf ihre Angaben zu stützen. Frieda wirkte entspannter als in Salzburg, der kleine Peter war unter der Aufsicht einer Kinderfrau in München geblieben, für einmal konnte sie ihren Pflichten entkommen.

In einem neuen Frühjahrskostüm saß die zur Üppigkeit neigende Blondine dem Oberarzt gegenüber, froh, ihre Sorgen in berufene Hände zu legen. Am zweiten Tag gelang es ihr sogar, sich hie und da zurückzulehnen und lächelnd ihre schönen Zahnbögen zu zeigen, und Jung überlegte, ob es dieses Lächeln war, das Sigmund Freud an der «Germanin» fasziniert hatte. Frieda fühlte sich von Jung ernst genommen, willig und ausführlich eröffnete sie ihm das lange Register ihrer Klagen.

Die Anamnese, gestützt auf die Aussagen von Frieda Gross, befindet sich noch im Archiv der Anstalt Burghölzli. Über Gross' Beziehung zu Regina Ullmann wird darin berichtet:

Im Laufe des letzten Jahres hatte er die «Behandlung» einer Jüdin, Rega Ullmann (die schon ein illegitimes Kind hat), angefangen und überschätzte trotz des größten Widerstandes seiner Frau u. seiner Freunde diese Person in unglaublicher Weise. Sie schriftstellert etwas, soll aber nicht hervorragend begabt sein. Er war aber von der Genialität der U. überzeugt und wollte ihr den Genius durch Analyse freimachen. Schließlich ließ er sich dazu hinreißen, ihr ein Kind zu zeugen. Damals nahm er größte Quantitäten von Opium. Keine Bitten und Vorstellungen seiner Frau hielten ihn von diesem Schritt zurück. Während dieser «Behandlung» befand er sich immer in größter Aufregung. Analysierte die U. oft ganze Nächte hindurch und behauptete, sein ganzes Schicksal hänge von dieser Behandlung ab.

Jung scheint die Auskünfte der Ehefrau nicht weiter hinterfragt zu haben.

Mit der Analyse des Patienten begann gleichzeitig und in rasanter Geschwindigkeit der Entzug. Schon am fünften Tag wurde das Opium von 0,6 per die auf 0,3 pro Tag heruntergesetzt. Nach zehn Tagen wurde es gänzlich weggelassen. Die Abstinenzbeschwerden verschwanden laut Jung während des Analysegesprächs. (Allerdings notiert er an anderer Stelle, dass Gross wie ein Tier brüllte und aus Wut einen Stuhl zerschlug.) Das Opium sei durch Codein, 4,0 pro Tag, ersetzt worden, und langsam werde auch diese Dosis verringert.

Am 10. Juni heißt es in seinen Aufzeichnungen: *Heute nur 0,3 Codein. Nach glücklicher Analyse verletzter Widerstände die «Kokain-Anaesthesin-Schnupferei», das Codein und der gelegentliche Gebrauch des Paradehyd gänzlich aufgegeben.* Und am 12. Juni: *Ohne Abstinenz sehr wohl. Gemütlich, aber sehr labil, weint sehr leicht, spricht auch, wenn er lacht, mit etwas weinerlicher Stimme. Er ist ganz überzeugt, geheilt zu sein.*

Nicht nur für den Therapeuten, der später über die Strapazen der Behandlung klagt, auch für den Patienten war es eine harte Zeit. Otto Gross war nicht in der Lage, von Jung geliehene Bücher zu lesen, nur das Skizzieren lenkte ihn ab. Jung vermerkte darüber: *Außer der Analyse tut er nichts als infantil zeichnen.*

9

Während Otto Gross' Aufenthalt im Burghölzli lebte Rega auf Anordnung der Mutter in der Verbannung in Wien. Später in ihren Erinnerungen schreibt sie, diese Wochen seien die schlimmsten ihres Lebens gewesen. Zu den seelischen Leiden kamen körperliche hinzu, die junge Frau litt Not, denn die Mutter hatte ihr für die ganze Zeit nur dreihundert Mark mitgeben können, die sollten auch für die Geburt reichen. (*Und das Geld, was ich Dir mitgegeben, muss ich natürlich auch wieder haben.*)

Um ihre Tochter moralisch zu unterstützen, schrieb Hedwig Ullmann täglich Briefe, doch die Schreiben, die oft mit *Mein liebes* oder *Mein armes Kind* begannen und mit *Deine treue Mutter* endeten, waren sprunghaft und boten wenig Nährwert. Sie kreisten um das eigene Leben, das sich, im Gegensatz zum Leben in der Verbannung, das Rega führte, recht idyllisch ausnahm: In den Kulturverein gegangen, im *Leopold* Kaffee getrunken, einen leichten Mantel zu herabgesetztem Preis gekauft, der Sommerhut ist fesch geworden, dann wieder Bittgänge gemacht usw.

In jedem Brief bedrängte sie Rega, endlich wegen der Alimente an Gross zu schreiben, jetzt, wo ihr das Wasser am Hals stehe, solle sie sich zu wehren lernen.

Rega, im kleinsten Zimmer einer schäbigen Pension, saß vor ihrem Schreibblock am Waschtisch. Sie dachte voll Trennungsschmerz an Otto. Jenseits der Straßenschlucht eroberte das frühsommerliche Licht die Hausmauer. In den späten Morgenstunden färbte sich der schadhafte Verputz grünlich, in der Mittagshitze weiß, die Luft über der Gasse begann zu flimmern, während Rega immer noch vor leeren Seiten saß. Was für eine Qual, auf Diktat der Mutter zu schreiben.

Schließlich begann sie vor der ätzenden Helligkeit der ersten Nachmittagsstunde mit den ersten Zeilen. Noch immer hatte sie Mühe, Otto etwas Konkretes vorzuwerfen. Er wollte ihr helfen und hatte sie geliebt, sie liebte ihn ebenfalls und war schwanger geworden. Das lag in der Natur der Liebe. Doch jetzt hinderten ihn seine Lebensumstände, sie zu unterstützen.

Sie begann mit innerem Widerstand in kleinen Wort-Einheiten zu schreiben, so wie man sich eine bittere Medizin in kleinen Schlucken einverleibt. Die Wörter schämten sich, auf das Papier gesetzt zu werden, ganz andere drängten sich vor, wenn sie an den Adressaten dachte, so führte sie stundenlang einen Kampf zwischen den richtigen und den falschen Wörtern. Nur im letzten Satz siegten die richtigen: *Behalte lieb Deine Rega*.

Frau Ullmann hatte angeordnet, das Bittschreiben an Gross müsse an sie, die Mutter, geschickt werden, denn Gross sei schon mit Frieda nach Zürich abgereist, und sie werde die Anschrift des Burghölzli herausfinden.

Als Regas Brief in München ankam, schrieb die Mutter postwendend zurück: *«Behalte lieb Deine Rega» habe ich ausradiert. Was fällt Dir ein, mit dem Menschen wirst Du doch fertig sein.*

In Wien nahm die Hitze zu. Gegen Abend füllten sich die Straßenschluchten mit Lärm und den schlechten Gerüchen der billigen Wohnungen. Die Frauenärztin riet Rega, für die letzten Wochen vor der Geburt aufs Land zu ziehen.

Doch die Mutter hatte inzwischen einen anderen Plan gefasst: Um das Geld für die Trambahn zu sparen, war Hedwig Ullmann in München an einem heißen Tag ein Stück zu Fuß gegangen. Durstig geworden, kehrte sie im Hofgarten ein und beschloss, das gesparte Geld für einen Eiskaffee auszugeben. Da im Freien alle Tische besetzt waren, hatte sich Frau Ullmann neben eine ihr unbekannte Frau gesetzt. Die Hitze lockerte die Zungen, Hedwig erzählte der sympathischen Fremden von ihren Sorgen, von ihrem armen Kind, das in der Fremde die Geburt eines illegitimen Kindes erwarte.

Die Unbekannte hörte aufmerksam zu und redete dann Frau Ullmann ins Gewissen: Sie müsse die Tochter zurückrufen! Ob sie denn nicht bedacht habe, die Tochter könnte sich aus Verzweiflung etwas antun? Der bedrückte Seelenzustand der Schwangeren wirke sich ungünstig auf das Kind aus, nehme die Geburt einen schlechten Verlauf, dann trage die Mutter mit ihrer harten Entscheidung die Mitschuld.

Das bewegte die Ullmann. Sie dachte sich minutiös ein neues Szenarium aus und schrieb der Tochter, sie möge zurückkommen, doch nicht vor dem 1. Juni, bis dahin seien die Hindernisse aus dem Weg geräumt. Das Haupthindernis bestand in der jungen Zugehfrau Wally, die gutmütig, aber schwatzhaft war und das Geheimnis des Hauses im Viertel ausplaudern würde. Unter dem Vorwand, es sei kein Geld mehr da, müsse ihr gekündigt werden. Wally werde noch ein letztes Mal kommen und Regas Zimmer von allen Erinnerungen an Gross säubern: *Auch die Zeichnungen von Gross, denn alles, was an ihn mahnt, muss verschwinden. Freilich freue ich mich auf ein Wiedersehen, nach so schweren Kämpfen dürfte unser Zusammenleben ein besseres sein. Berate Dich, mein Kind, mit der Bublinger, und sie soll Dich nochmals untersuchen, ob alles in Ordnung ist. Ich lasse in Deinem Zimmer solche Mousseline-Vorhänge machen zum Ziehen, dann sieht die lästige Nachbarschaft nicht immer herüber, und Du hast Luft im Zimmer, und wir leben noch gemütlich zusammen.* Für die Geburt komme ein bestimmtes Frauenheim in Frage: *Du bekommst dort einen ande-*

ren Namen, man hat dort schon viel solche diskrete Fälle gehabt. Auch was die Reise betraf, ging die Mutter auf Sicherheit: Rega müsse einen Nachtzug nehmen und am Ostbahnhof aussteigen. *Ich gehe nicht aufs Perron, sondern erwarte Dich im Wartsaal 3. Klasse.* Anschließend werde sie mit der Hochschwangeren eine gedeckte Kutsche nehmen.

Zum wiederholten Mal drängte Frau Ullmann, Rega möge unbedingt vor der Abreise an der Berggasse in Wien Sigmund Freud aufsuchen und ihn um Rat und Geld bitten. Sie, die Mutter, könne keinen Kreuzer mehr hergeben! *Wir machen es uns ganz behaglich, wenn wir nur etwas mehr Geld zur Verfügung hätten. Das ist zu traurig, dass die Geldfrage so beengt ist. Dein Leichtsinn war furchtbar. Von Gross will ich nicht reden, der ist schon gewöhnt, dass andere für die Kinder sorgen. Du Moulin sagt auch, das sei Schuftenart. Ich sehne mich so sehr nach Dir.*

Überwältigt vom Gefühl der eigenen Großzügigkeit endete der Brief mit dem mütterlichen Stoßseufzer: *Wie weit und groß ist doch ein Mutterherz, das sehe ich erst jetzt.*

10

Im Juni nimmt auch in Zürich die Wärme zu. Gross hält sich, so oft es die Therapie erlaubt, im Garten des Burghölzli auf. Die Lage der Anstalt ist idyllisch, die Weinberge und der Baumbestand reizvoll, für ein Hotel an Panoramalage könnte man das stattliche Haus halten, hörte man nicht ab und zu hinter den diskret vergitterten Fenstern einen Patienten schreien. Dort, wo man in der Tiefe den Zürichsee blitzen sieht, gedeihen im Nutzgarten Bohnen und Stachelbeeren. Als Patient erster Klasse hätte Gross Gelegenheit gehabt, die kulinarische Stärke der Anstaltsküche zu erproben, aber der Entzug der Anästhetika verursacht Bauchweh und Diarrhöe.

Doch Gross klagt nicht. Jung erklärt, die Analyse werde bald abgeschlossen sein, der Patient ist erfreut, drängt auf Entlassung. Jung geht nicht auf diesen Wunsch ein, wohl in Gedanken an Freud, der den prominenten Patienten noch behandeln will, so ein hochbegabter, vielschichtig gestörter Mensch, dazu ein Psychiater, ist schließlich eine Trouvaille für die Psychiatrie. Auch ist ein Patient erster Klasse für die Ökonomie der Anstalt nicht zu verachten.

In der Zeit der Mittagsruhe sieht Gross den Kollegen Jung unter den Bäumen der Allee mit einer hübschen jungen Frau spazieren. Sie ist schlank und dunkelhaarig, der Rand ihres weißen Sommerhuts wippt im Gehen. Jung bleibt stehen, streichelt ihren bloßen Arm. Dann geht das Paar weiter. Schatten und Licht hinterlassen Muster auf den Kleidern.

Einmal glaubt Gross zwischen den Ästen der Bäume auszumachen, dass Jung die junge Frau küsst.

Gegen Abend wird das Therapiegespräch wieder aufgenommen, es verläuft zäh, der Oberarzt gestattet sich und dem Patienten keine Pause. Das Abendessen wird ausgelassen. Es ist draußen dämmrig geworden, Jung wirkt müde, stößt den Fensterflügel auf.

«Was ist, Kollege Jung? Sie sind abwesend!»

Der Oberarzt ist verblüfft. Was soll dieses vielsagende Lächeln? Durchschaut der Patient, der analysiert werden soll, den Analytiker? Eine Umkehrung der Rollen. Fast gespenstisch zeigt sich für Jung ihre Ähnlichkeit.

Das Therapiegespräch geht weiter, unterdessen haben sich die Fenster mit Nachtschwärze gefüllt. Weitere drei mühsame Stunden. Wieder stößt Jung den Fensterflügel auf. Seufzt. Reibt die Augenlider. Blickt auf den See, der jetzt auf der anderen Seite ein paar Lichter reflektiert.

«Kollege Jung, war das heute im Garten Ihre Freundin?»

Eine Ader beginnt an Jungs Schläfe zu pochen. Er fühlt sich ertappt. Gross, der Experte in Sachen Beziehungen, hat wohl seine Augen überall. Jung versucht in lockerem Ton zu antworten: «Ach, Sabina Spielrein? Sie ist meine Patientin. Erinnern Sie sich, ich habe doch während des Kongresses für Neuropathologie in Amsterdam über den Fall einer russischen Jüdin referiert? Ich darf sagen, meine Therapie nach der freudschen Methode ist erfolgreich gewesen, das Fräulein studiert seit drei Jahren an der Universität Zürich Medizin und wird, wenn alles gutgeht, eine Dissertation über Dementia praecox schreiben.»

«Und Sie lieben sie?»

«Ich will Ihnen gestehen, die Patientin hat mir während der Analyse Mühe gemacht mit der erotischen Übertragung. Sie hat sich in mich verliebt, wünscht sich sogar ein Kind von mir ...»

«Nun, Kollege Jung, die Übertragung ist ein Problem der monogamen Gesellschaft, mit veränderten Normen wird es verschwinden.»

«Wie meinen Sie das?»

«Der Mensch ist von Natur aus polygam. Warum sollen Sie nicht gleichzeitig Ihre Frau lieben können und dazu diese Studentin, die einen andern Aspekt des Phänomens Frau darstellt? Warum bringen Sie sich um diese wertvolle Erfahrung?»

Es geht gegen Mitternacht, Gross erläutert mit Eifer seine Theorien, sein Analytiker hört gebannt zu, saugt die neuen Gedanken auf. Mit dem *stachligen* Gross lässt sich fachlich sehr angenehm sprechen, wird Jung später an Freud schreiben. Der Oberarzt ist durch dieses Gespräch aufgewühlt.

Am nächsten Tag ruht sein Blick auf dem See und der dahinterliegenden Bergkette. Selbst im Juni gleißen auf den Glarner Alpen die Eisflächen, was für ein Geheimnis birgt der Berg unter dem Frost? Die Wasserfläche glänzt. Gebosseltes Metall.

Jung will Sabina vorschlagen, mit ihm eine Schifffahrt zu machen. Er liebt es, mit ihr zusammen zu sein. Er soll sie analysieren, doch aus keinem Lehrbuch hat er so viel über sich selbst erfahren wie aus den Begegnungen mit dieser geheimnisvollen Russin. Sie reflektiert seine Gedanken. Ergänzt sein Fühlen, weckt sein verdrängtes, nie ans Licht gelangtes Ich. Seinen weiblichen Anteil. *Seine Anima*, wird er das später nennen. Hat nicht jeder Mensch auch gegengeschlechtliche Gene?

Die Sinnlichkeit der jungen Russin bedrängt ihn, doch Jung hält sich zurück. Wo soll er seine Obsession für die junge Frau einordnen? Wo findet sie Platz in seinem zielstrebigen, mit ehrgeizigen Plänen erfüllten Leben? Wie in einem dieser mit Möbeln vollgestellten bürgerlichen Salons ist alles da: Emma Rauschenbach, seine tüchtige, aus reicher Familie stammende Ehefrau. Sie hat ihm zwei Töchter geboren, Agathe und Grit, ein nächstes Kind, vielleicht der ersehnte Sohn, ist unterwegs. Noch lebt die Familie im Burghölzli, doch der Neubau am Seeufer von Küsnacht ist bald bezugsbereit. Jung will Karriere machen, schon aus Rücksicht auf seine Familie. Noch geht der Aufstieg nur über den Direktor der Anstalt. Für Bleuler, den Asketen, wäre eine Liebesaffäre zwischen Oberarzt und Patientin ein Skandal. Schon Jungs Privatbeziehung zum Patienten Otto Gross ist ein Stein des Anstoßes. Und doch: Die Ideen von Otto Gross lassen Jung über Tage nicht zur Ruhe kommen.

An einem der nächsten Abende konfrontiert er seine Frau Emma mit den Gedanken der Polygamie. Doch Emma schlägt es vehement aus, mit einem Mann, der seine polygamen Anlagen auslebt, die Ehe aufrecht zu halten.

Jung hört auf die Stimme der Vernunft und schreibt ein Jahr später, 1909, an Sigmund Freud:

Ich brauche kaum zu sagen, dass ich die Sache (mit S. Spielrein) endgültig abgeschnitten habe. Sie ist, wie Gross, ein Fall von Vaterbekämpfung (...) Bei der ganzen Sache haben auch die Ideen von Gross mir etwas zu viel im Kopf gespukt ...

11

Die Analyse galt als beinah abgeschlossen, Frieda durfte ihren Mann wieder besuchen. Er sprach von baldiger Entlassung, schwärmte von einem neuen Leben in Freiheit, doch auch Frieda zeigte dafür kein Verständnis, vorher erwartete sie von den Ärzten eine handfeste Diagnose. Galt Otto als geisteskrank, würde sie das entlasten, warf ihr der Schwiegervater doch dauernd vor, sie habe den Ehemann nicht von den Drogen abbringen können.

Frieda, die sich prächtig in Zürich erholt hatte, und Gross waren bei den ersten Begegnungen «ein Herz und eine Seele», doch bald stritten sich die beiden von neuem. So hatte Frieda nichts dagegen, in Jungs Büro noch einmal befragt zu werden. Sie nutzte die Gelegenheit und griff Geschichten auf, die schon Jahre zurücklagen: Wie Gross ihr schönstes Kleid an eine Hochstaplerin verschenkte, wie Gross die Korrekturbogen für einen Artikel über Psychopathologie verludert hatte und es seiner Frau überließ, die Fetzen einzusammeln und zu säubern und so fort und so fort. Gross, so erklärte sie, habe in letzter Zeit weder wissenschaftlich geschrieben noch gelesen: *Alles ging auf in den nächtlichen Caféhaussitzungen, wo er mit Declassés aller Art analysierte und spintisierte.*

Jung schrieb alles geflissentlich in einem Anhang zur Anamnese auf, er setzte kein Fragezeichen, machte keine Leerstelle für eine spätere Richtigstellung. So entstand in den Köpfen nach und nach das Ungeheuer Gross, und Gross tat nichts, um diesen Eindruck zu korrigieren, im Gegenteil, er lief in der Anstalt in zerrissener Hemdbrust herum, lag nachts trotz der Hitze mit Kleidern im Bett und legte die Füße auf seinen Hut, er bedeckte seine Zimmertür mit Zeichnungen von Menschen und seltsamen Heuhaufen.

Sigmund Freud hatte da offensichtlich ein anderes Bild von Otto Gross. In einem Brief von Ende Mai 1908 äußerte er sich erstaunt, dass Jung die Analyse nach nur vierzehn Tagen als beendet betrachtete.

Gross ist ein so wertvoller Mensch und ein so starker Kopf, dass Ihre Arbeit den Wert einer Leistung für die Allgemeinheit hat. (...) Übrigens wundere ich mich über das Tempo der Jugend, die in zwei Wochen solche Aufgaben erledigt, bei mir hätte es länger gedauert.

12

Mitte Juni 1908. Die Tage sind, ungewöhnlich für Zürich, drückend heiß geworden, erst gegen Abend spendet der Gang unter den Bäumen des Burghölzli Kühlung.

Wenn Gross allein, in Gedanken versunken spaziert, begegnet er gelegentlich einem greisen Patienten mit verwittertem Gesicht, erloschenen Augen. Grußlos, ein Schatten, streicht der Alte an ihm vorbei. Da begegne ich mir selbst, denkt Gross. Man wird mich im Burghölzli verwahren, bis ich verwittere, dann stellt man mich als Sandsteinfigur hinter den Bohnenstangen aus.

Gross ist in diesen Tagen unruhig und bedrückt. Wie viel Vertrauen hat er doch in diesen brillanten Kollegen C. G. Jung gesetzt, ein Gefühl brüderlicher Nähe empfunden. Der Amsterdamer Kongress. Sie beide, Schüler von Sigmund Freud, sympathisierten mit dem Meister und dessen neuen Methoden. Ein Mutakt damals. Jung spricht vor dem Plenum über die freudsche Hysterietheorie. Gemurmel im Saal, Buhrufe. Da steht Gross auf, verteidigt in eindringlichen Worten, die in seltsamem Kontrast zu der stockenden Sprechweise stehen, den Vorredner. Hält dann nach der Kaffeepause seinen Vortrag über *Das Freud'sche Ideogenitätsmoment*.

Einige der anwesenden Professoren lassen zynische Bemerkungen fallen. In der anschließenden Diskussion werden die beiden jungen Psychiater angegriffen: Diese neue Methode sei ein Verbrechen an der Menschheit! Einer der Ordinarien, ein stattlicher Mann mit Vollbart, warnt die Neulinge, wenn sie weiterhin mit Freud und dessen Methode sympathisierten, bräuchten sie auf keine Karriere zu hoffen! Applaus.

Der Saal leert sich langsam. Am Rednerpult, wo Gross noch seine Unterlagen ordnet, stehen sich die beiden Freud-Schüler gegenüber: Jung, eine straffe, stattliche Erscheinung, im modischen Tweedanzug, mit blitzenden Brillengläsern, schmalen Lippen. Gross sportlich gebräunt, blonde Haarsträhnen in der Stirn, auf der Jacke und dem zerknautschten Kragen Spuren von Kokainstaub, seine Augen blinzeln nervös. Jung dankt dem Kollegen. Brüderliche Umarmung. «Die Zeit wird uns recht geben», prophezeit Gross.

Nur Jung dürfe ihn im Burghölzli therapieren. Ja, Analyse nach der freudschen Methode. Das war Otto Gross' Wunsch gewesen. Und nun, freiwillig in der Anstalt, sah er sich um seine Hoffnung, von Jung verstanden zu werden, geprellt. Zugegeben, der Oberarzt hatte für den Fall Gross viel Zeit und Energie verwandt, doch er blieb «ein Fall». Es schien Gross, Frieda und Jung hätten sich als Komplizen zusammengetan und die Behandlung trete an Ort. Er fühlte sich nicht ernst genommen, der Kollege und Bruder im Geist verriet ihn. War Jung unter Druck, hatte er sich dem Direktor der Anstalt gegenüber zu verantworten, von dem Gross ausdrücklich nicht behandelt werden wollte? War er auch den Assistenten und Pflegern verpflichtet, die in Gross nur den schwierigen und bizarren Patienten sahen? Dachte er an Frieda Gross, wenn er deren Sichtweise übernahm, und an den mächtigen Schwiegervater im Hintergrund, der für die Kosten aufkam? Spürte er den Druck dieses Mannes, der seinen «langsam gefährlich werdenden» Sohn beurteilt haben wollte und durch die Diagnose verurteilt?

Wie dem auch war, Gross fühlte sich abgrundtief einsam. Er kannte dieses Gefühl seit seinen Kindertagen. Seine Familie war ihm fremd vorgekommen, er bezweifelte als Kind, dass es wirklich seine Eltern waren. Als er älter wurde, litt er unter ihren Ansprüchen, ihrem Lebensstil. So ist es nicht erstaunlich, dass er später einen der *drei Aufsätze über den inneren Konflikt* der Einsamkeit widmen wird. Wohl angeregt durch die Therapie, greift er in dieser Schrift zurück auf frühkindliche Erlebnisse: *Der Mensch ist keine Maschine, die man mit Öl und Kohle speist und nach einem Fahrplan laufen lässt. Ein Pflänzlein ist das neugeborene Kind, das mit Liebe gehegt und gepflegt werden will und den Sonnenschein beglückten Blicks und die Wärme des liebenden Arms verlangt.*

Otto Gross' Mutter. Sie hatte ihn damals, am Ende der ersten Kur im Jahre 1902, im Burghölzli abgeholt. Tagelang hatte er sich in der Anstalt auf sie gefreut, und nun stand sie schmal, in dunkle Baumwolle gekleidet, an der Seite des Anstaltdirektors in der Tür. Sie ging nicht auf ihn zu, es gab keinen Kuss, keine Umarmung. Hatte er je gewusst, was sie dachte, was sie von ihm, ihrem einzigen Sohn, hielt? Wenn sie vor Jahren am Familientisch über den kleinen Otto sprach, hatte sie immer ängstlich auf ein Zeichen der Zustimmung auf dem Gesicht des Gatten gewartet. Bildete sich zwischen seinen Brauen eine ärgerliche Steilfalte, hörte sie auf zu sprechen. Wie in den meisten gutbürgerlichen Familien hatte nur der Gatte das Sagen, er gab die Erziehungsdirektiven, und die Mutter, in der Furcht, etwas falsch zu machen, unterwarf sich seinem Willen. Da war weder Spontaneität noch Wärme zu spüren, ihre innere Unsicherheit machte sie für das Kind zur Unperson, und hinter dem Verschwinden der Mutter erschien der Vater übermächtig, allgegenwärtig.

Als kleiner Junge, etwa vierjährig, so berichtet Gross später, war er krank und musste im Zimmer der Eltern schlafen. Im Elternbett ging der Beischlaf vor sich, der Kleine erschrak, ihm war, als werde die Mutter durch den übermächtigen Vater erdrückt und ringe um Hilfe. Er hatte damals laut geschrien, damit der Vater von der Mutter abließ.

Gross, im Garten des Burghölzli auf und ab gehend, versucht das Bild seiner Mutter Adele heraufzubeschwören. Aber zwischen den Pappeln ist da nur Leere, zitternde Luft.

Der Patient schlendert zum Nutzgarten. Beete, Komposthaufen. Alles liegt still, in eigenartiger Betäubung. Es riecht nach Fäulnis und Angst, die Fensterscheiben der Anstalt scheinen im Licht der untergehenden Sonne Feuer zu fangen. Hinter der Beerenplantage sieht Gross die Schutzmauer, er prüft sie, ihre Höhe ist beträchtlich. Doch ohne Schuhe würde er vielleicht an den grob geschichteten Steinen Halt finden. Er will wiederkommen. Morgen, zur Zeit der Mittagshitze, wenn die Anstalt in mittäglicher Lethargie liegt.

Am 17. Juni notiert Jung: *Heute Nachmittag ca. um 4 Uhr entweicht er aus dem A-2-Garten über die Mauer. Er hatte schon seit Eintritt frei im Garten. Hat kein Geld bei sich.*

Dass Gross aus der Anstalt entwichen war, ohne das Ende der Therapie abzuwarten, verletzte Jung tief. Sein ehrgeiziger Plan, mit dieser Therapie Schule zu machen, war mit der Flucht zunichte. Entstand aus Kränkung, als unbewusster Racheakt, die harte Diagnose?

Peinlich genug, dass Jung seinem väterlichen Freund in Wien Rechenschaft schuldete. So verfasste er am 19. Juni an Sigmund Freud ein längeres Schreiben, in dem es nach einem Behandlungsbericht heißt:

Sie werden aus meinen Worten schon die Diagnose gelesen haben, an die ich immer doch nicht glauben wollte und die ich jetzt doch mit erschreckender Deutlichkeit vor mir sehe: Dementia praecox.

Eine möglichst sorgfältige Anamnese von seiner Frau und eine teilweise Psychoanalyse derselben haben mir noch allzu viele Bestätigungen der Diagnose geliefert. Der Abgang von der Bühne entspricht der Diagnose: Vorgestern ist Gross in einem unbewachten Moment aus dem Hausgarten über die Mauer entflohen und wird zweifellos bald wieder in München auftauchen, um dem Abend seines Schicksals entgegenzugehen. Trotz allem ist er mein Freund, denn er ist im Grunde genommen ein guter und vornehmer Mensch mit ungewöhnlichem Geist. (…) Für mich ist dieses Erlebnis eines der schwersten meines Lebens, denn in Gross erlebte ich nur allzu viele Seiten meines eigenen Wesens, so dass er mir oft vorkam wie mein Zwillingsbruder minus Dementia praecox.

Jungs Diagnose, gleichbedeutend mit Bleulers Begriff Schizophrenie, entsprach den Wünschen von Ottos Gattin und Ottos Vater, galt sie doch als unheilbar. Bei Freud hingegen weckte sie Widerspruch: Er könne sich darunter «nichts Präzises» vorstellen. Das gab nochmals Anlass zu «Misshelligkeiten» zwischen den beiden Größen der Psychoanalyse. Jung berichtete Freud, er habe Gross diese Diagnose nicht mitteilen können.

In seinen *Erinnerungen* wird Jung später schreiben: *In vielen Fällen hat der Patient eine Geschichte, die nicht erzählt wird und die in der Regel niemand weiß. Für mich beginnt die Therapie erst nach Erforschung dieser persönlichen Geschichte. Sie ist das Geheimnis des Patienten, an dem er zerbrochen ist. Zugleich enthält sie den Schlüssel zu seiner Behandlung.*

Dass Gross aus der Anstalt entwich, war für Jung vermutlich ein Zeichen, dass er die wahre Geschichte des Patienten nicht erfahren hatte. Da war nur ein wirrer Haufen anderer Geschichten, die teils Frieda, teils Otto erzählt hatten, und wie auf Ottos Zeichnungen mit den Bleistiftstrichen blieb die eigentliche Wahrheit unter dem Heuhaufen verborgen.

13

Rega ging auf den Vorschlag ihrer Mutter, vor der Geburt des Kindes zurück nach München zu fahren, nicht ein. An der Fendstraße wäre sie gefangen im Netz der mütterlichen Vorwürfe und der Mousseline-Vorhänge, und die von der Mutter herbeigewünschte *Gemütlichkeit* empfand sie, nach allem, was geschehen war, als anrüchig. So beschloss sie, dem Rat der Ärztin zu folgen und an die frische Luft aufs Land zu fahren.

Die Bublinger empfahl eine billige Pension in einem kleinen Weiler, der Zug fahre allerdings nicht bis dorthin, sie müsse an der Endstation eine Droschke nehmen.

Zu Beginn der Landreise war Rega in erwartungsvoller Stimmung, der Zug ließ die Siedlungen mit ihren Anhäufungen von städtischen Mietshäusern hinter sich, die Landschaft färbte sich grün ein, Felder kamen der Reisenden entgegen, Bäume und Hügel holten sie ab.

Als Rega an der ländlichen Endstation ausstieg, entschloss sie sich, das Geld zu sparen und zu Fuß zu gehen. Der Himmel war mit fahrigen weißen Wolken bedeckt, das Sonnenlicht gedämpft, ein bisschen Bewegung würde ihr nicht schaden. Der Rucksack wog nicht schwer, auch das Kind machte sich leicht und schaukelte nicht unangenehm in ihrem Bauch. Sie ging auf der Landstraße, die sich zwischen Wiesen dahinschlängelte. Sie ging und ging, entfernte sich von München, von Wien, doch sie entging dem Vergangenen nicht, ihr Schatten folgte. Der Schatten ging neben ihr im Straßenstaub, bläulich, ohne scharfe Umrisse, das Gefühl der Verlassenheit als einziger Begleiter.

Nach einer Weile verspürte die Schwangere Hunger, so stieg sie die Böschung hinauf und packte auf einem Hügel ihr Mittagsbrot aus. Da saß sie, inmitten der blühenden Natur, eine junge Frau mit schwerem Herzen, die Vögel sangen und wussten nichts mit ihrem Kummer anzufangen. Es gab keine Hintertür, durch die sie sich hätte aus dieser jubelnden Welt verabschieden können, so blieb sie eben, duckte sich ins hohe Gras und aß ihre Käsestulle. Nach der kleinen Mahlzeit streckte sie die Beine aus, blickte zum Himmel, der einem Strom glich, eingerahmt von Baumwipfeln wie von einem buschigen Ufer.

Sie nickte ein. Unter der Schlafenden spaltete sich der

Hügel, ein Kind wurde ans Licht gestoßen, hilfsbereite, flinke Frauenhände griffen nach ihm. Sie badeten das Kind, eine stille Freude lag über der Szene, eine der Helferinnen hielt das Neugeborene hoch, nach dem Bade war es rosig und reinlich wie aus einer Knospe geschält. Himmel und Erde berührten sich. Fragloses Glück.

Doch als sie erwachte, war da wieder alles irdisch, sie dachte an die bedrückenden Umstände, unter denen sie bald allein und verlassen gebären musste. So ging sie auf die Landstraße zurück, noch immer in Begleitung des Schattens. Das Gehen auf dem staubigen Straßenband wurde beschwerlich.

Da näherte sich geräuschvoll ein bäuerliches Gefährt, ein von zwei Gäulen gezogener Wagen. Seltsam, was da gezogen wurde, Bretter und Stoffbahnen, eine Art Bühne, dazwischen Kisten, auf denen zwei Frauen und ein junger Mann saßen. Rega winkte am Straßenrand, das Gefährt hielt an, man half ihr beim Aufsteigen. Schausteller seien sie, erklärte die Frau mit dem rotgelockten Haar. Sie richtete ihre beweglichen, dunklen Augen fragend auf Rega, lächelte verhalten.

Als Rega sich gesetzt hatte, fragte der junge Mann: «Raten Sie mal, was in der Kiste ist, auf der Sie sitzen?»

«Eine Schlange», sagte Rega ohne zu zögern.

Man schwieg verblüfft, lachte dann lauthals. Der junge Mann bat Rega aufzustehen, dann hob er den Kistendeckel, da lag wirklich eine Schlange!

Rega empfand ihre Gabe, oft durch Gegenstände hindurchzusehen, als nichts Besonderes. Die Frauen hatten sich denn auch schnell von ihrer Verblüffung erholt. Sie machten nun Witze. Über die Schlange. Über den Sündenfall. Denn das fremde Fräulein, das konnten die beiden Frauen auf einen Blick feststellen, war schwanger.

Im Gasthausgarten, wo man den Durst löschte, blickte der

Wirt auf Regas Bauch und machte zur Bedienerin eine anzügliche Bemerkung. Es war für Rega neu, dass Fremde Ottos Kind bemerkten, aber das machte ihr in dieser Umgebung nichts aus, sie trug es, trug allein die Verantwortung.

Am Nachmittag erreichte das Gefährt den kleinen, von der Frauenärztin bezeichneten Weiler. Das empfohlene Haus war mittlerweile keine Pension mehr, denn die Liegenschaft, umgeben von einem Nutzgarten, sollte abgebrochen werden. Eine alte Frau, die ihren Unterhalt mit Nähen verdiente, wohnte noch hier und besorgte die Pflanzen. Sie war einverstanden, dass Rega gegen ein bescheidenes Entgelt eines der Zimmer im oberen Stock bezog. Im Erdgeschoss saß die Vermieterin den ganzen Tag an der Nähmaschine, Rega, die oben zu schreiben versuchte, begleitete das surrende Geräusch.

Eines Abends, als Rega in den Garten kam, um nach der Schreibarbeit noch etwas frische Luft zu atmen, sprach die Näherin sie an. Die Frau hatte bemerkt, dass Rega unglücklich war. Während ihrer eintönigen Arbeit hatte sie Muße, darüber nachzudenken, beim Schnurren des Rades machte sie sich ihren eigenen Reim.

«Sie sind wohl mit Ihrer Familie uneins?» Als Rega nichts sagte, sprach sie ihr zu: «Versöhnen Sie sich. So können Sie nicht leben.»

Woher sie das werdende Kind habe, diese Frage stellte die Näherin nicht. In jungen Jahren war sie mit einer Schaustellergruppe herumgezogen, da wurden die jungen Frauen fast jedes Jahr schwanger, die Kinder wurden in der Gemeinschaft aufgezogen, bald machten sie kleine Kunststücke und trugen so zum Unterhalt bei.

Rega wühlten die Reden der alten Frau auf, sie dachte an ihre Mutter, die sich um die Tochter sorgte, sie dachte an

Otto, der Schmerz trieb sie zurück in ihr Zimmer. Nur noch schreibend würde sie überleben. Ihr schweres Herz kannte nur ein Thema, doch die Wörter flohen ihren Schmerz, da war nichts als Leere.

So wusste Rega am andern Tag an ihrem wackligen Tisch nicht recht, wovon sie schreiben sollte. Die Wörter wurden darüber ungeduldig, sie warteten wie scharrende Pferde auf ihren Einsatz, während Rega auf den gehäkelten Vorhang und die Geranienstöcke auf dem Fensterbrett starrte. Sie dachte darüber nach, welche Befehle sie geben sollte. Ein Thema musste gefunden werden, dem die Wörter wie magnetisierte Teilchen zufliegen konnten. Rega, so halte dich an die erlebten kleinen Dinge, dachte sie. Die Landstraße zum Beispiel. Die Schlange. Notizen, die sich später umschreiben und vielleicht veröffentlichen lassen.

So kompostierte sie ihre Aufzeichnungen. Andere Erlebnisse kamen später dazu. Nach Jahren, 1920, erschien dann wirklich ein Stück Prosa, das Rega *Die Landstraße* nannte. Da waren auch kleine Mosaiksteine drin, die eben an diesem bäuerlichen Tisch entstanden waren:

Denn ich war müde. Ich war müde, weil ich allein war. Diese lange Landstraße vor mir und hinter mir (…) Ihr konnten die Schleifen, die sie zog um diesen Kogel, ihr konnten die Pappeln nicht, ihr konnte der Himmel selber nicht ihre Kläglichkeit nehmen. Mir war bange, weil sie mich nach einer kurzen Wanderung schon in ihre Not und Verkommenheit miteinbezogen hatte. Eine unheimliche Landstraße war das. Eine allwissende Landstraße. Da ging nur, wer in irgendeiner Form allein gelassen worden war.

In späteren Jahren wird Regina Ullmann immer wieder über ihre Liebesverletzung zu schreiben versuchen: Geschichten, Gedichte. Sogar einen Roman. Doch mehr als über einen Anfang hinaus gelangen diese Texte nicht.

So würde sie von nun an Geschichten von eher kleinen und belanglosen Dingen erzählen. In ihnen verborgen war eine andere Geschichte, die niemand, nicht einmal sie selbst, an den Tag fördern konnte. So sanken diese Erfahrungen immer tiefer, schmerzlicher in sie hinein: ihre Verlassenheit, der Liebesverlust, die Abhängigkeit durch ihre materielle Not. Diese versunkenen Schmerzen wurden tief in ihr zum verborgenen Quell, der ihre unscheinbaren kleinen Geschichten speiste. So bekam jeder Satz Leuchtkraft, jede Handlung eine geheimnisvolle zweite Ebene.

Rainer Maria Rilke spürte als Erster die Tiefe und Eigenart ihres Schreibens. Im Sommer 1908 hatte sie ihm, auf Rat der Mutter, ihre schon im Druck vorliegende *Feldpredigt* geschickt. Im September 1908 schrieb Rilke, der in Paris als Sekretär des Bildhauers Auguste Rodin arbeitete, zurück und bestärkte sie wundervoll in ihrer schriftstellerischen Berufung:

Dass ich Ihnen doch so recht überzeugend sagen könnte, was Schönes Sie da gemacht haben. Ich lese Ihr Buch zum zweiten Mal und werde es wiederlesen, denn es ist für mich eine vielfache Freude, die ich nur nach und nach bewältigen kann. (…) Und so, im Ganzen, ist es etwas so Schönes, Wahres, Einfaches, wofür man Ihnen nicht genug danken mag und um dessentwillen man Sie herzlich bewundern muss.

Ottos Kind, ein Mädchen, kam am 18. Juli 1908 zur Welt. Rega nannte es Camilla. Dachte sie an jene Heilpflanze, die Wunden heilt? Sah sie voraus, dass diese Tochter sie in ihrer Lebensmitte erfreuen und im Alter hingebungsvoll pflegen würde?

Das Neugeborene übergab Rega Ullmann wieder jener Bauernfamilie in Admont in der Steiermark, wo schon die kleine Gerda in Obhut war. Später, vielleicht auf Einspruch von Else Jaffé, die sich immer wieder um Ottos Kind kümmerte, sollte sie zu Pflegeeltern in Feldkirchen bei München kommen, drei Jahre später wurde auch Gerda dort aufgenommen.

Dem Bann von Otto Gross sollte sich Rega noch lange nicht entziehen können. Ihr Verbindungsglied blieb Else Jaffé. Sie gab Rega Nachrichten durch. *Otto ist im Burghölzli in Zürich von Herrn Jung analysiert worden, nach der Methode Freuds auseinandergeschraubt und neu zusammengesetzt. Vielleicht, weißt Du Rega, ist dann der alte Otto wieder da, gewinnend und seiner selbst sicher wie vor zwei Jahren im* Stefanie.

III

«Denn noch kann es sein
dass dein Name lebendig
wie ein Tropfen
morgendlich mir in die Hand fällt.»

Regina Ullmann

1

Das Café Stefanie war im Sommer 1908 dank anhaltendem Regenwetter gut besucht. Eines Nachmittags spaltete sich der Friesvorhang, ein schmaler Kopf schob sich hindurch, Blicke aus absichernden Vogelaugen. Schließlich erschien der ganze Otto Gross in einem hellen, englischen Regenmantel und stellte sich an die Theke.

Man starrte Gross nach seiner langen Abwesenheit an wie ein Gespenst. Er war sichtlich gealtert. Nicht nur hatten sich unter das rötlich blonde Haar weiße Strähnen gemischt, auch die Haut des immer noch knabenhaften Gesichts war runzelig geworden, und wenn er die Lippe beim Lächeln hochschob, fehlte seit seinem Wutanfall im Burghölzli ein Schneidezahn.

An den Tischen begann man zu tuscheln. Zwar hatte Frieda nur ihren besten Freunden, unter dem Siegel der Verschwiegenheit, von Ottos Therapie in Zürich erzählt. Doch nach der Art solcher Geheimnisse verbreitete sich die Nachricht, man habe Otto in Fachkreisen für geisteskrank erklärt, mit unanständiger Geschwindigkeit. «Ach! Was Sie nicht sagen! Und die Diagnose?» – «Dementia praecox.» – «Unheilbar?» – «Unheilbar.» – «Schrecklich!»

Otto, der Knabengreis. Von nun an trug er ein unsichtbares Zeichen, das ihm der *Zwillingsbruder* mit seiner Diagnose auf die Stirn geritzt hatte. Man starrte ihn an wie einen Revenant, wich zurück. Nur Otto wusste nichts davon und konnte sich das Verhalten seiner Umwelt nicht erklären, denn der Kollege Jung hatte es ja nicht über sich gebracht, ihm die Diagnose mitzuteilen. Nach den Tagen in der Isolation spürte Gross den Drang, sich ganz zurück ins Leben zu begeben, das bedeutete für ihn, dass er sich von dem eigenen Leid abwandte und fortfuhr, die leidende Menschheit zu therapieren.

Im *Stefanie* erregte am folgenden Abend seine Begleitung, ein sehr junges Mädchen, Aufsehen. Sogar in der selbstgenügsamen Runde um Stefan George drehte man die Köpfe.

«Ah, Elisabeth. Die Tochter des bekannten Münchner Professors Lang», bemerkte Ludwig Klages. «Hat sie ihren Schulabschluss wohl schon hinter sich?»

Das Mädchen war sichtbar verwirrt. Gross sprach mit gesenktem Kopf, in geduldigem Flüsterton auf das verstörte Wesen ein.

Von nun an sah man das seltsame Paar täglich. Gross, der es nie lange an einem Tisch aushielt, ging in das Therapiegespräch vertieft mit der Patientin vor dem Café auf und ab. Später ging das verschwörerische Geflüster an einem der Marmortische weiter.

Im Sommer war es im Café stickig, nur die zwei Fensterflügel bei den Schachtischen konnten geöffnet werden. Durch die schmalen Streifen war zu erkennen, dass es draußen dämmerte, dann begannen sich die Räume mit Menschen und Essensgerüchen zu füllen.

Um diese Zeit traten eines Abends zwei Gendarmen in Zivil zu Dr. Gross. Sie zeigten ihre Ausweise. Befahlen dann der jungen Frau, ihnen zu folgen. Am besten freiwillig. Aufsehen müsse vermieden werden.

«Wohin denn?», fragte Elisabeth.

«Zurück in Ihr Elternhaus.»

«Mit welcher Legitimierung befehlen Sie das?», fragte Gross.

«Auf Wunsch der Eltern. Das Fräulein ist noch minderjährig und untersteht der Elterngewalt.»

Gross zeigte sich empört. Nach langem, erregtem Wortgefecht folgte er in Begleitung des Mädchens den Beamten.

Im Haus der Eltern versuchte er diese noch am selben Abend zu überzeugen, dass seine Therapie in kurzer Zeit entscheidende Fortschritte gemacht habe. Elisabeth habe ihn aufgesucht mit einer Konfliktneurose, denn sie sei einem ungewöhnlich schweren Kontrast des elterlichen Milieus zu ihrer Wesensart ausgesetzt. Unterbreche man die Therapie und setze die Patientin wieder dem Einfluss des Elternhauses aus, falle Elisabeth in den alten Zustand zurück.

Die Eltern zeigten sich nicht einsichtig. «Unsere Tochter ist krank, wir überlegen uns, sie zu internieren.»

«Ach, und wo?»

«In der Psychiatrischen Heilanstalt in Tübingen. Doch das ist unsere Entscheidung. Sie dürfte allein interessieren, dass wir uns entschlossen haben, unsere Tochter Ihrem Einfluss zu entziehen.»

«Aus welchem Grund?»

Sie sahen ihn stumm an. Verweigerten eine Erklärung. Betrachteten das geheime Zeichen auf seiner Stirn.

Otto Gross litt. Er litt für die Patientin, von der er wusste, dass ihr die Internierung schlecht bekommen würde. Er litt für sich selbst, denn die Leiden und Demütigungen der Burghölzli-Zeit wurden in ihm wieder lebendig.

In dieser Nacht griff er nach Tagen der Abstinenz wieder zum Kokain, denn er wollte schriftlich protestieren, und ohne Droge konnte er nur *steife, magere Sätze aus sich herauspressen.*

In wenigen Stunden entstand der Artikel über den Missbrauch der Elterngewalt, der noch 1908 in der renommierten Zeitschrift *Zukunft* erscheinen sollte.

Nein, Gross ist noch nicht am Ende, wie Jung es in seiner Verletztheit prognostiziert hat. Am Schreibtisch verschwindet für Otto Gross dieses lähmende Gefühl, ausgeschlossen zu sein, vergeblich Zeichen zu machen hinter einer Glasscheibe. Mit aller Selbstdisziplin, zu der er fähig ist, presst er sich ein neues Werk ab, das die Fachwelt aufhorchen lässt. So schreibt am 3. Juni 1909 Sigmund Freud an Jung: *Ereignis ist ein gestern angelangtes Buch von Otto Gross: Über psychopathische Minderwertigkeiten, noch nicht studiert, aber offenbar wieder sehr wertvoll, von kühner Synthese und überreich an Gedanken.*

2

Im Jahre 1909 war für Frau Ullmann die Welt äußerlich gesehen wieder in Ordnung: Ihre Tochter hatte auf ihren ausdrücklichen Wunsch hin jeden Kontakt mit dem ehemaligen Therapeuten und Geliebten abgebrochen, und das von ihm gezeugte Kind wusste sie weit weg in ländlicher Einsamkeit. Regina lebte wieder mit ihr an der Fendstraße 6.

Doch lebte sie wirklich? Ihre kindliche Heiterkeit, ihr erfrischender Mutwille waren fort, der Mutter gelang es nicht einmal bei Tisch, die Tochter aus der schwermütigen Lethargie zu reißen. Die Liebesverletzung hatte sich eingebrannt, Zonen ihres Inneren verwüstet, nichts grünte da mehr, die Ideale der Jugend waren weggefegt durch die Erosion der Enttäuschung. *Die Ländereien meiner Enttäuschung dehnen sich wie die Wüste aus, sie gehen noch in mein jetziges Leben herein wie ausgewaschene Flussbetten*, wird sie noch Jahre später an Grete König, die Schwester der Dadaistin Hannah Höch, schreiben.

Nur am Schreibtisch lebte die Ullmann auf. Sie sammelte und redigierte jetzt ihre kleinen Prosastücke. Unter dem Titel *Von der Erde des Lebens* wollte der Frauenverlag München sie 1910 herausgeben.

Noch hatte Rega den vielbewunderten Lyriker Rainer Maria Rilke nicht persönlich kennengelernt, trotzdem schien er eine schützende Hand über die Kollegin zu halten. Auf ihre Bitte hin schrieb er im August 1909 aus Paris ein Vorwort für den Prosaband. Berichtete von dem eigenartigen Staunen, das Rega Ullmanns Texte in ihm auslösten. Zwar stehe da Fertiges neben Unfertigem, Rohes neben sublim Vollendetem. *Aber gerade da bin ich vielleicht im Mittelpunkt meines Staunens, wenn ich mich erinnere, wie bei Ihnen fast an allen Stellen das Vorläufige, wie im Gleichnis, auf das Endgültige hinweist. (...) Und dabei ist der Gegenstand oft so gering, dass man ihn für stumm und einfältig halten möchte: Sie schneiden ihm einen Mund ein, und er redet das Große. Ihre Seele ist wie ein Blindgeborener, den ein Seher erzogen hat.*

Da und dort, an Zusammenkünften der Münchner Boheme, konnte man die junge Schriftstellerin antreffen. Unauffällig, als bitte sie für ihre Anwesenheit um Entschuldigung, stand sie da, das dunkle Haar schlicht gescheitelt, das schmale Gesicht beim Zuhören zur Seite geneigt, die schönen, dunklen Rehaugen oft wie blicklos. Jedes Auge verfolgte eine eigene Partitur. Während das eine im Raum schweifte, blickte das andere nach innen und verweilte in Gesellschaft der erfundenen Gestalten.

Die anregendsten literarischen Abende fanden damals im Hause Wolfskehl statt. Der großzügige Schriftsteller und

Verleger liebte es, zusammen mit seiner Frau am sogenannten Jour fixe schöpferische Menschen zusammenzubringen. An einer dieser Zusammenkünfte wandte sich der Gastgeber der scheuen Schriftstellerin zu und lobte ihre *Feldpredigt*. In literarischen Kreisen war bekannt, dass Karl Wolfskehl die Schriften der Kollegen tatsächlich las, und Rega schätzte sein Urteil. Trotzdem stand sie, während er sie lobte, mit einem Glas in der Hand verloren da, Lob schien ihr immer unverdient und brachte sie in Verlegenheit.

Hinter Wolfskehl saß da ein anderer, der mitgehört hatte. Er betrachtete Regas ratlosen Gesichtsausdruck mit Neugier. Sein Blick war so intensiv, dass ihr vorkam, sie spüre ihn wie durch ein Vergrößerungsglas auf der Haut brennen, irritiert blickte sie in die Richtung dieses Strahls. Der Unbekannte hatte dichtes dunkles Haar, das eine hohe Stirn freiließ, die Augen lauerten wie in einem Unterstand unter markanten Wülsten. Der Blick zwang, entweder auszuweichen oder standzuhalten, sie hielt ihm stand.

Wolfskehl hatte Regas Verwirrung bemerkt. Er drehte sich um und rief erstaunt: «Ach, Sie kennen sich noch nicht? Das ist Ludwig Derleth. Vielleicht haben Sie seine Gedichte in Stefan Georges *Blättern für die Kunst* gelesen?»

Rega nickte. Natürlich hatte sie das. Derleth verkehrte nicht im Café Stefanie, trotzdem oder gerade deshalb hatte sie dort einiges über den stets Abwesenden gehört. Die Reventlow nannte ihn despektierlich «Jesus-Napoleon», Thomas Mann sprach sarkastisch von ihm als vom «Propheten». Rega erinnerte sich jetzt an diese Lästerzungen, während sie mit dem Dichter ein paar, wie sie glaubte, belanglose Sätze wechselte. Doch seine Worte waren nicht belanglos, sie erschienen rätselhaft und blieben haften. Sie verfolgten Rega hinüber zur andern Ecke des Wohnzimmers, wo sie zusammen mit Wolfskehl den eben eingetroffenen Thomas Mann begrüßte.

Es fügte sich, dass sie gegen Ende des geselligen Abends die Schwester Ludwig Derleths kennenlernte. Erst später wusste sie, dass die Derleths solche Zusammentreffen nie dem Zufall überließen. Anna Maria glich ihrem Bruder: dieselbe starke Nase, der feingeschnittene, wie zurücktretende Mund. Doch ihre Erscheinung hatte nichts von der Düsterkeit des Dichters, war er dunkelhaarig, so erinnerte das weißliche Blond ihrer Haare an ein Weizenfeld, das harmonische Gesicht strahlte Heiterkeit aus. Doch da war wieder die Eindringlichkeit des Bruders, mit der die Schwester eine Einladung aussprach: «Kommen Sie uns besuchen! Am liebsten schon morgen Abend zu einer kleinen Lesung! Wir wohnen am Marienplatz 2. Mögen Sie steile Treppen? Ach ja, Sie sind noch jung! Also hoch hinauf, zum fünften Stock!»

Schon anderntags stieg Rega mit etwas Beklemmung die schlecht beleuchteten Treppen nach oben. Anna Maria Derleth in einem dunklen Taftkleid und einer umgebundenen Küchenschürze öffnete die Tür.

In der Wohnung stellte sich Rega unwillkürlich an eines der Fenster. Tief unten der brodelnde Marienplatz, nur gedämpft drang der Lärm herauf, das Kreischen der Tramways, die Zurufe der Kutscher. Vor den Kaufläden und um die Mariensäule herum die Bewegung dunkler Magnetteilchen, eine sprudelnde Menschenmenge. Hier oben, wie von einem Adlerhorst aus, sah man in den Abendhimmel, ein wunderbares Licht spiegelte sich in den Fensterscheiben rund um den Platz. Entrückt schien alles. Nur die Dämpfe, die aus der fensterlosen Küche drangen, waren irdisch.

«Ein ungewöhnlicher Ort», murmelte Rega.

Anna Derleth lächelte. Rega möge sich ein bisschen umblicken, sie habe noch in der Küche zu tun. Ludwig komme später.

Rega schritt durch den Gang. An seinem Ende hing, mit Kohle gezeichnet, ein lebensgroßer Napoleon beim Studium der Landkarte. Auffallend, dass er unter den Steilfalten der hohen Stirn den gleichen grüblerischen Blick hatte wie Derleth!

Sie geriet jetzt in einen größeren Raum, es war wohl Ludwigs Reich. In einem Alkoven, leicht erhöht, stand ein mit Muscheln verziertes Mahagonibett. An den Wandregalen Hunderte von Büchern militärisch ausgerichtet, nach Größe geordnet. Doch im übrigen Raum schien eine bizarre Phantasie zu herrschen. Mit leichtem Schauder näherte sich Rega einer Vielzahl von Köpfen, die auf einem schwarzen Kerzentisch angeordnet waren, in der Mitte das Haupt der Medusa, daneben der jugendliche Augustus, Napoleon mit Dreispitz, die schwarze Madonna von Altötting und die Marmorbüste des Papstes Pius X. Museal auch die rotsamtenen Barockstühle. Die Alabasterlampe mit Tierkreis. Der Gipsabdruck der Nike im Louvre. Und über allem, als spotte der Bewohner selbst über sein Sammelsurium, schaukelte ein wuchtiger Vogelkäfig, aus dem das Zirpen und Singen, Zanken und Scharren kleiner Vögel ertönte.

«Es sind meine Lieblinge», sagte Anna Derleth, die plötzlich hinter Rega stand. Sie zeigte auf den kleinen Webervogel Zipp und reichte ihm ein Salatblatt durch die Gitterstäbe. Rega blickte sich in diesem magischen Reich immer noch verwundert um. Anna lächelte. Wies dann auf den wuchtigen Empire-Schreibtisch mit den vergoldeten Adlerköpfen: «Das kostbarste Stück im Haus! Ludwig hat den Tisch 1904 gekauft, bevor er am Karfreitag, damals noch an der Detouche-Straße, vor einer Schar Ausgewählter seine ‹Deklamationen› las! Auch Thomas Mann war damals dabei. Sie nicht, Rega? Schade. Und nun wollen wir zwei etwas essen. Ich habe Sie aus diesem Grund ja extra etwas früher bestellt!»

Sie schob Rega mit sanftem Druck den Gang zurück. In der nur türbreiten Kammer, die sie ihre Küche oder ihren Zigeunerwagen nannte, hatte sie auf einem Petrolherd eine bayerische Mahlzeit gezaubert. Sie servierte das Sauerkraut und die Haxen auf Zinntellern in einem schmalen Esszimmer, dessen Fenster auf den Marienplatz ging.

Für Ludwig war nicht gedeckt. Er werde erst spätabends essen, immer allein, erklärte Anna. Eine Gepflogenheit aus seiner Klosterzeit auf dem Pincio in Rom.

«Ach, er ist im Kloster gewesen?»

Anna nickte lächelnd. «Wissen Sie, man hat ihn noch während des Noviziats weggeschickt. Den Mönchen war er zu eigenwillig, zu reformerisch! Was soll's, nun haben wir eben zusammen hier am Marienplatz einen Konvent!»

Es klingelte an der Tür. Wie nach einer geheimen Regie erschienen die Gäste, alles Habitués, zur Lesung gleichzeitig. Wie Stefan George pflegte Ludwig Derleth seinen Kreis. Anna hatte den Vogelkäfig entfernt, die Gäste setzten sich auf die Museumsstühle um den Prunktisch. Gesammelt warteten sie, bis Derleth erschien.

Sein Auftreten hatte etwas Priesterliches, er las nicht, er verkündete. Es war an diesem Abend viel die Rede von der Liebe Christi, die Verletztes zu heilen vermag, Neubeginn erst ermöglicht.

Rega, die vom Leben Verstörte, ahnte rettenden Grund. Während sie lauschte, entglitten ihr die Gedanken, ein Bild aus der Kinderzeit erstand vor ihrem inneren Auge: die wuchtige St. Galler Kathedrale, eine Glucke, unter ihren Flügeln Schutz und lebensrettende Wärme bietend. Nach einer solchen Derleth-Sitzung schrieb sie später: *Seit heute kann ich die unerforschliche Liebe empfinden, mit der Jesus seine Geschöpfe an sich zieht, und mir ist in diesem Gesichte die Begrenztheit meines Schicksals genommen.*

Von nun an zog es Rega immer wieder die Treppen am Marienplatz hoch zur Derleth-Wohnung. Oft brutzelte Anna Maria erst etwas in ihrem stickigen Schlag, sorgte dann beim gemeinsamen Essen für Heiterkeit, wenn sie von ihren Einkäufen berichtete bei den herzhaften, schlagfertigen Frauen an den Gemüseständen und im Zerwirkgewölbe. Ludwig zeigte sich nicht, er habe «Besprechung». Anna deutete geheimnisvoll an, nicht nur Bekannte bäten ihn um Rat, es kämen auch Fremde, die ihn in Bedrängnis aufsuchten. Seit Ludwig den Dienst am Gymnasium quittiert habe, verdiene er nichts mehr, doch es gebe ja mehr seelische Not als materielle.

Am späteren Abend wurde Rega bei Ludwig Derleth vorgelassen. Sie näherte sich nur mit Herzklopfen dem Prunktisch mit den Adlerköpfen. Derleth empfing sie allein. Da saß er in gütiger Strenge, sein alles durchdringender, napoleonischer Adlerblick auf die junge Frau gerichtet. Er hörte sie geduldig an. Erwartete das Ende ihres zähflüssigen, stotternden Berichts.

Dann sprach er. Er sprach getragen. Brauchte Sinnbilder. Hielt oft inne für eine Denkpause. In der derlethschen Diktion fungierten die Wörter als sperrige Hindernisse, mit Bedacht gesetzt, man kam nicht leicht um sie herum. Nach einer Weile verlor Rega den Faden seiner hochgeistigen Rede. Sie trat in Versenkung, ihre Gedanken gingen eigene Wege. Wie durch Zauber öffnete sich in ihrem Innern eine bisher unsichtbare Tür, und sie gelangte in jene Gegend, von der Meister Eckhard, der Mystiker, sagt: *Es gibt im Menschen einen Ort, wo weder Raum noch Zeit hingelangt.*

Nein, Derleth bekehre nicht, er führe den Hörenden nur in sein Eigenes, behaupteten seine Freunde. Zur Konversion habe er sie nie gedrängt, wird auch Rega bestätigen. Sie allein habe den Entschluss gefasst. Alles habe sie mit sich selbst ausgemacht. Tatsächlich ließ sich die sonst Unsichere weder von den Einwänden Rilkes noch vom Rat ihres gütigen jüdischen Freundes Wolfskehl beirren, der auf die kraftvolle Welt des Alten Testaments hinwies.

Die neuen Ideen von Julius Langbehn, dem «Rembrandtdeutschen», über Kunst und Zivilisation beeindruckten Rega Ullmann, sie freundete sich auch mit seinem Verleger Momme Nissen an, der später in ein Dominikanerkloster eintrat. Konversionen waren in dieser sinnentleerten Zeit an der Tagesordnung. Sogar in den Reihen der *Stefanie*-Jünger knisterte es: Emmy Hennigs, Mühsams «erotisches Genie», wurde wie ihr späterer Gatte, der Dada-Autor Hugo Ball, katholisch.

Rega nahm Taufunterricht im Wallfahrtsort Altötting und trat im Imperium der Schwarzen Madonna 1911 zum Katholizismus über. Ihr Leben lang, sagt sie später, habe sie diesen Schritt nie bereut und aus dem Glauben Kraft geschöpft.

Nach der Konversion schien sich das Verhältnis zu den Derleths zu trüben. Zwar gab es da immer noch Feierstunden, zum Beispiel, wenn Rega im Advent die Geschwister zum Engelamt begleitete. In der Morgenfrühe eines Dezembertags stapften sie in Mantel und Schal gehüllt durch die frisch verschneite, noch dunkle Straße. Traten dann ein in die festlich erhellte Barockkirche. Während sie vor dem Altar der Messe beiwohnten, stand Ludwig kerzengerade, versunken in den Anblick der Madonna mit dem Schwert. Als der Priester seine Arme zum Segen hob und sein letztes Amen sprach, tauten die Geschwister aus ihrer frommen Sammlung auf. Draußen kaufte Anna unter den Bögen frische Semmeln, dann wurde hoch über dem Marienplatz gefrühstückt.

Doch die Briefe der Ullmann aus jener Zeit zeigen neben den Versicherungen tiefster Dankbarkeit auch Spuren von Empfindlichkeit, Vorwürfen. War Ludwig überfordert? Er versuchte seine «Ecclesia militans» zu verwirklichen, einen Ritterorden von meist jungen Männern, deren Generalissimus er war. Thomas Mann hat in seiner Erzählung *Beim Propheten* diese dünne Luft um Ludwig Derleth geschildert: *Seltsame Orte gibt es, seltsame Gehirne, seltsame Regionen des Geistes, hoch und ärmlich. (...) Hier ist die Luft so dünn und keusch, dass die Miasmen des Lebens nicht mehr gedeihen.*

An die «Berufenen» stellte Derleth hohe Ansprüche, denn auch er unterwarf sich strengster Askese. Seine Neigung zu jungen Männern im Sinne der alten Griechen praktizierte er nur geistig, auch sublimierte er seine Bewunderung für schöne Frauen. In seinen Gedichten wird er das Androgyne loben als Erscheinungsbild des vollkommenen Menschen, doch sein mit Muscheln verziertes Bett blieb wohl bis zu seiner späten Ehe einsam.

Die Strenge griff auch auf Anna über. Ihr, der Dienerin ihres hochgeistigen Bruders, war keine Nachlässigkeit gestattet. So zog sich die Temperamentvolle immer mehr in ihr enges Küchen-Kabäuschen zurück. Sie las Jean Paul. Schrieb Briefe. Arbeitete an einem Roman mit dem Titel *Das Tempelmädchen*. Die Welt der Azteken beschäftigte mehr und mehr ihre unruhig schweifende Phantasie. Sie begann ihren Bruder, so lächerlich das auch für Außenstehende klang, Montezuma zu nennen und nähte ihm einen goldenen Vorhang, der ihn beim Essen den profanen Blicken der Besucher entzog.

An einem Abend lud sie Rega ein, ihre neue kulinarische Spezialität zu kosten, eine Erfindung, die sie «Aztekenmädchen» nannte. Sie zog Hefeteig aus, füllte ihn mit Apfelscheiben, Rosinen und Zimt, rollte ihn und formte weibliche Figuren. Die gebackenen Mädchen servierte sie zum Kaffee. Rega fand die Vorstellung widerlich, doch Anna behauptete, dass die Azteken ihre überschüssigen Mädchen buken und aßen.

Ludwig schien Regas regen Briefkontakt mit Rilke zu missbilligen, er beklagte sich, sie kaum je zu Hause an der Fendstraße anzutreffen. Er ahnte, dass sie sich langsam seinem Einfluss entzog, das ließ ihn wohl auch mit Rilke hadern. Rilke hatte sich einmal, gemeinsam mit der geistvollen und schönen Lou Andreas-Salomé, am Marienplatz zu einem Besuch gemeldet. Missfiel Derleth diese Kombination? Neidete er Rilke seinen Einfluss auf Frauen, der sich nicht in jedem Fall nur auf Geistiges bezog?

Ludwig Derleth, von seinen Getreuen Gefolgschaft fordernd, stellte wohl Rega vor eine Entscheidung. So schrieb sie am Neujahrsmorgen 1915, dass sie sich nach langem Ringen zu Rilke bekenne: *Jetzt ist es entschieden. Ich weiß, wo ich hingehöre. Regina.*

Hatte der Generalissimus dies nicht begreifen wollen? Jedenfalls findet die Dichterin drei Jahre später es für nötig, in einem Brief Derleth mitzuteilen, dass sie sich nun endgültig von seiner Führung löse und ihren eigenen Weg gehe.

3

«Das bisschen Schutz, das Menschen einander zu geben glauben. Und sind doch in sich selbst ganz ungeschützt.» Die Jaffé hatte das nach der Gross-Geschichte zu Rega gesagt.

Otto Gross fuhr fort, für seine Gesundheit nichts zu tun, er versuchte vielmehr, Patienten zu heilen, die seine eigenen Leiden spiegelten. Es waren meist junge Frauen wie Rega Ullmann, Elisabeth Lang und neuerdings Sophie Benz. Sophie, Tochter eines Malers und Professors aus Ellwangen, war als Kunststudentin nach Schwabing gekommen, im Café Stefanie nahm sie an den anarchistischen Gesprächsrunden teil. Hier lernte sie nicht nur Otto Gross kennen, sie schloss auch Freundschaft mit dem jungen Schriftsteller Leonhard Frank, der später in seinem Roman *Links wo das Herz ist* Sophies Geschichte aufzeichnen wird.

Sophie mit ihrem runden, bäuerlichen Gesicht. Sie schien eines jener neugierigen Mädchen aus der Provinz zu sein, die in der Großstadt das Leben kennenlernen möchten. Doch Otto Gross ließ sich nicht täuschen. Er spürte die innere Zerrissenheit der jungen Frau, nahm ihre depressiven Verstimmungen und Ängste wahr. Mit diesen psychotischen Störungen dränge sich eine Therapie auf, belehrte er sie, auch müsse die Beziehung zu Frank, da komplexgeladen, abgebrochen werden. Sophie ging darauf ein, und Frank musste die Trennung hinnehmen.

Drei Monate später, kurz vor Weihnachten, traf Frank im *Stefanie* auf Gross und Sophie, die ehemalige Freundin hatte mit ihrem Heiler zusammen auf dem Land in der Nähe von München gewohnt. Sophie kam ihm abgemagert vor, verwahrlost wie eine räudige Katze. Das ehemals naive Landmädchengesicht hatte sich verändert, die Züge wirkten hart und angespannt, Frank glaubte, den fanatischen Ausdruck des Doktors in ihnen zu sehen.

«Du musst dich von ihm trennen», rief ihr der junge Mann über den Tisch hinweg zu.

Sophie schwieg, die Lippen zusammengepresst.

Gross drehte an einer Zigarette, stand dann abrupt auf, hieß Sophie ebenfalls aufstehen und ihren Mantel vom Haken nehmen, zusammen verließen sie das Lokal. Draußen gerieten sie in Streit. «Frank hat recht. Ich gehe! Nein, nicht zu ihm. Ich fahre über die Festtage zu meinen Eltern und will eine Weile dort bleiben.» Gross musste zugeben, dass die Therapie bis anhin erfolglos geblieben war, die Depressionen und Ängste der Patientin hatten sich eher noch verstärkt. Wieder hatte er um eine seelisch gestörte Frau wie um sein eigenes Leben gekämpft. Er suchte nach einer Lösung. Lenkte dann ein: «Gut, in der Zwischenzeit bin ich mit meiner Familie und meinem Freund Frick in Ragusa. Versprich mir, Sophie, dass wir uns spätestens im März wieder sehen, deine Therapie muss fortgeführt werden!»

Wie gefordert, kam Sophie zurück. Der Aufenthalt in ihrer Familie hatte ihren inneren Zwiespalt verstärkt und sich auf ihre Gesundheit verheerend ausgewirkt. Auch der Frühling brachte keine Besserung. Gross und Frieda hatten beschlossen, ins Tessin zu ziehen, der Psychiater bat die Patientin, sich anzuschließen: «Komm mit, Sophie. Freund Frick, der bereits in Ascona wohnt, wird für uns eins oder zwei der kleinen Steinhäuser am Rand des Ortes mieten. Die südliche Natur und das milde Klima werden dir guttun!»

Die Freundschaft mit Ernst Frick war für Otto wichtig geworden. Er hatte den Schweizer im Jahr zuvor nach Graz mitgenommen zu einem Besuch bei den Eltern, mit sicherem Instinkt rechnete Otto damit, dass Frick bei ihnen auf Gegenliebe stoßen würde. Der Vater war denn auch von Fricks breitgefächertem Wissen überrascht, die Mutter mochte die Eleganz und Natürlichkeit des jungen Mannes und die unaufdringliche Art, mit der er sich in die Diskussionen einschaltete. Bei Tisch begeisterte er die alte Dame mit seiner ausgesuchten Höflichkeit. Der Elternbesuch, vor dem sich Otto lange gefürchtet und gedrückt hatte, der erste nach der Kur im Burghölzli, wurde ein Erfolg.

An einem Abend traf sich Otto in Graz mit alten Freunden, die Eltern nutzten seine Abwesenheit, um Frick beiseitezunehmen, und betonten bei einem Glas Tokaier, wie hilfreich sein Einfluss auf Otto sei, sogar Ottos sonst so verwahrlostes Äußeres habe sich gewandelt.

«Lieber Ernst Frick», flehte ihn Hans Gross an, «passen Sie bitte auf Otto auf, halten Sie schlechten Umgang von ihm fern! Unser Sohn ist zu labil, zu freundlich, insbesondere der Umgang mit den Anarchistenkreisen ist sein Untergang!»

Frick hatte nur bitter gelächelt und sein Glas ausgetrunken. Schließlich um Erlaubnis gebeten, einen Moment ins Freie zu gehen, um sich eine Zigarette anzuzünden.

Erst Wochen später erfuhr Hans Gross, dass Ernst Frick wegen anarchistischer Umtriebe in Zürich vor Gericht stehe.

Nun rechnete Otto für seinen Aufenthalt in Ascona mit Fricks Hilfe. Die Zugreise in die Südschweiz war für alle mühsam gewesen, besonders das letzte Stück mit der Postkutsche bei schon warmer Witterung zehrte an den Nerven und Kräften. Was für ein Trost, in Ascona abgeholt zu werden von Frick, der sie in sein Steinhäuschen, ein Rustico am Hang des Monte Verità, führte.

Es war ein leuchtender Tag im Frühsommer, der See glänzte, gegen Norden waren die obersten Spitzen der Berge noch verschneit. Frick, der allein lebte, stellte sich für seine

Gäste an den Herd. Draußen im Schatten am Steintisch, in der milden, würzigen Luft erholten sich Otto und Frieda schnell von der langen Reise, Fricks Risotto mit den wilden Spargeln schmeckte köstlich. Nur Sophie Lang, von Migräne geplagt, aß nichts, sie streckte sich hinter dem Haus auf dem Moosboden aus. Der kleine Peter, vier Jahre alt, freute sich, Ernst wieder zu sehen, in Ragusa hatten sie im Hotelzimmer und in der Meerbucht oft miteinander gespielt. Nun bauten die beiden aus flachen Steinen Erdmännchen, Frieda schaute lächelnd zu.

Seit Ragusa waren Frieda und Frick Freunde, eine Beziehung, die Otto mit Gelassenheit, ja mit Wohlwollen zur Kenntnis nahm. Die Spannung zwischen den Ehepartnern hatte zugenommen, und Otto sah ein, dass die ständige Anwesenheit der Patientin Sophie für Frieda eine Belastung war.

Nun wolle er ihnen das Haus zeigen, das er für ihren Aufenthalt vorgesehen habe, sagte Frick. Er führte sie am Waldrand zu einer alten Mühle. Der eigenwillige Steinkubus war von einem Walmdach gekrönt. An der hinteren Hauswand, nah dem Unterholz, lehnten mit Moos überwachsene Mühlräder. Das junge Buchenlaub färbte die Landschaft mit frischem Grün ein, zwischen den Stämmen zeigte sich die hell schimmernde Fläche des Sees.

«Eine reizvolle Bleibe», lobte Gross.

Doch die beiden Frauen, die sich wohl überlegten, wie sie sich in diese Enge teilen sollten, schwiegen.

Noch einmal an diesem Tag saß man an Fricks Steintisch, um Kaffee zu trinken. Der Schatten einer mächtigen Kastanie wuchs schon dunkel auf dem Moosboden gegen das Haus. Man plauderte, der kleine Peter bei seinen Steinmännchen lachte vergnügt. Da bat Gross um Aufmerksamkeit: Er habe einen Vorschlag. Es scheine ihm besser, wenn Sophie und er allein in der Mühle wohnten. «Und du», wandte er sich an Frieda, «willst du nicht mit dem kleinen Peter bei deinem Freund Frick bleiben? Ernst Frick ist für dich der bessere erotische Partner als ich.»

«Du schenkst mir also Frieda?» Um Fricks Mund spielte das für ihn typische verschmitzte Lächeln.

Frieda sah es. Zum Zeichen, dass sie mit der Umkehr der Verhältnisse einverstanden war, legte sie ihren Arm um ihren Freund.

4

Noch kannte Rega den Dichter Rilke, den Bewunderer ihrer Texte, nicht persönlich, erst 1912 ließ er sie in München ins Hotel Marienbad kommen. Dort kam er ihr im Flur entgegen, ein mittelgroßer Mann, den Kopf wie suchend vorgeneigt. Die leicht vorquellenden Augen von schweren Lidern verhängt.

Natürlich kannte sie alle seine Werke, empfand sie als erhaben, großartig. Und nun, da er ihr gegenüberstand, fühlte sie sich verloren. Ihre alte Scheu befiel sie, die Wortöde. Sie hatte ihm eins ihrer Gedichte mitgebracht, doch sie zerknüllte das Papier in der schweißnassen Hand, es erschien ihr wertlos, ein Nichts.

Rilke erfasste ihren blockierten Zustand. «Wie wäre es, wenn wir zusammen lesen würden, Regina Ullmann? Kennen Sie Claudel?»

In einem der ruhigen Zimmer des Hotels las er ihr am nächsten Tag vor, manchmal hielt er inne und lächelte sie an, bis sie den Mut fand, sich zu dem Gelesenen zu äußern.

Als er hörte, sie habe ihr eigenes Gedicht, das sie ihm hatte bringen wollen, zerrissen, bat er sie, dies nie mehr zu tun. Er wolle ihr einen Briefkasten für nicht geglückte Gedichte einrichten, oder besser noch: Sie möge die Wortgebilde ihm zur Durchsicht und Kritik überlassen! Von nun an las er ihre Gedichte mit der ihm eigenen Zuwendung. Hielt er eins für gelungen, schrieb er es in seiner Handschrift ab und verwahrte es in einer Schublade für eine spätere Veröffentlichung. War er von einem Text noch nicht ganz überzeugt, tat er ihn doch, wie er sich ausdrückte, «zu seinen Schätzen». Wenn das Gedicht auch noch nicht in sich stimmig war, so hatte es doch «schöne innere Klarheiten». Er legte auch Wert darauf, dass sie dichtend ihren eigenen Weg ging und nicht die Art des bewunderten Dichters nachahmte. Eine dienende Freundschaft. Ein Geschenk für die vom Leben Verletzte.

Rilke fand, es sei vielmehr ein Dienst an der Poesie, jeder gelungene Text habe in sich ein Darüberhinaus, eine Klarheit, die weit über den Verfasser hinausweise. In diesem Sinn lud er eines Abends in München seine literarisch interessierten Freunde zu einer Lesung ein.

Das Publikum war vorwiegend weiblich, was bei solchen Lesungen nicht weiter verwunderlich ist, doch unter den Zuhörerinnen, meist Rilkes persönliche Bekannte, fielen die modisch gekleideten, selbstbewussten, für ihre Zeit schon emanzipierten Frauen auf: Rilkes früheste Freundin, Lou Andreas-Salomé, mit ihrer Wahltochter, der jungen Schauspielerin Ellen Delp. Rilkes derzeitige Geliebte, die Pianistin Magda von Hattingberg. Das Verleger-Ehepaar Kippenberg vom Insel Verlag. Möglich, dass auch die späteren Ullmann-Freundinnen wie die Kunsthändlerin Hertha Koenig, Eva Cassirer von der Odenwald-Schulbewegung und die Schriftstellerin Editha Klipstein bereits anwesend waren. Außerdem dabei waren auch einige Schriftsteller und Verleger wie Wolfskehl, Klages und Hans Carossa. Hatte Rilke hier Menschen versammelt, die Regina in Zukunft Halt und Inspiration geben und mithelfen sollten, ihre Fixierung auf die Mutter zu lösen? Mit Gespür hat er hier Beziehungsfäden geknüpft, Freundschaften, die oft ein Leben lang hielten.

An diesem Abend gab Rilke eine kleine Einführung. Noch kaum jemand kenne die Dichterin. Eine literarische Debütantin, ja! Doch sie sei fähig, neben die geläufig anerkannte Welt eine durchaus unedierte zu stellen – ihre Welt. Im Naiv-Elementaren sehe er ihre Leistung, sie beziehe ihre Bilder aus unbewussten Schichten.

Gespannt wartete man auf die so geheimnisvoll Angekündigte. Ans Lesepult trat eine scheue, nicht mehr ganz junge Frau in einem etwas abgegriffenen karminroten Samtkleid, hutlos, mit einem schweren, wie holzgeschnitzten Gesicht. Sie stand, die Hände ineinandergelegt, in steifer Haltung. Eine Bäuerin, eine ländliche Madonna?

Leise, mit eigenartiger Betonung fing sie an, lesend eine Geschichte zu spinnen. Zuhörend wuchs man in das Textgewebe hinein: Da war nichts von der artifiziellen Sprache, die man von solchen Lesungen gewohnt war. Schlicht, naiv, herzhaft zupackend begannen die Geschichten *Von der Erde des Lebens*, man konnte sich zurücklehnen, erwartete ländlich in sich Ruhendes. Doch dann kippten die Texte ohne Vorwarnung, sie wurden bedrohlich, aus Heimischem wuchs Unheimliches: Ein Sumpf am Ende des Dorfes verschlang die Menschen, ein Blitzschlag suchte wie ein dunkler Orakelspruch die Hand des Schmieds, die Tochter des Waldarbeiters legte im Haus, in dem Betrunkene schliefen, Feuer …

Die Malerin Lou Albert-Lasard konnte sich nicht sattsehen an der seltsamen Physiognomie der Vorlesenden, sie zog unauffällig ihren Notizblock hervor und fertigte eine kleine Skizze an. Später bat sie die Dichterin, ihr für ein Porträt Modell zu stehen. In kurzer Folge entstanden drei Bilder, das dritte schenkte sie Rilke 1914 zu Weihnachten. Begeistert schrieb darauf der Beschenkte an Rega:

Dein Bild ist außerordentlich schön, von großer Bedeutung und Bewegung. Ich habe es eben gesehen und weiß nicht, ob ich mehr Loulous Begabung bewundern soll, Dich so zu fassen, oder Deine Fähigkeit, so auszusehen. (...) wie steht es in diesen Tagen ausdrücklich da, hinausweisend – ich meine, Du kannst Dich von ihm überzeugen lassen, wie stark und künftig es um Dich bestellt ist.

5

Otto Gross hatte in Ascona Frieda gegen seine Patientin ausgetauscht, das bereitete ihm nun Schwierigkeiten. Im Sommer litt Sophie am Berghang unter der Hitze, im Winter fror sie. Obwohl sie nur zu zweit waren, beklagte sie sich bei Gross über die Enge der kleinen Mühle: Im oberen Stock war einzig ein Schlafzimmer, im unteren nur eine große Wohnküche, um nicht zu frieren, musste man den offenen Kamin mühsam mit Holz einheizen. Die rohen Wände zogen in der kalten Jahreszeit Feuchtigkeit an, es ließen sich zwischen den Steinen eklige, tiefschwarze Skorpione blicken. Ging man nachts hinunter in die Küche, saßen Siebenschläfer auf dem Fenstersims und knabberten an den Nudelvorräten, vorwurfsvoll starrten sie die Eindringlinge mit ihren glänzenden Knopfaugen an, bevor sie flohen.

Auch die Landschaft rund um die Mühle hatte sich verändert. An den Wänden der nahen Felsen hingen Nebelstreifen, Rinnsale flossen durch die Wiesen. Die Bäume hatten ihre Blätter verloren, knochenfahl und nackt standen die Stämme am Mühlenweg. Nach draußen gingen sie nur noch, um sich Essen oder Drogen zu beschaffen. Wie Otto schnupfte Sophie jetzt ihre tägliche Ration Kokain. Die Droge machte reizbar, das Paar zankte sich, und jeder Streit endete damit, dass Sophie mit ihrer sofortigen Abreise drohte. Doch sie war zu schwach, um noch eine solche Entscheidung treffen zu können.

Da niemand kochen wollte, kamen sie beinah ohne Nahrung aus, Sophie, von ihren Angstvorstellungen wie ausgezehrt, war jetzt abgemagert bis auf die Knochen. Manchmal sah Otto sie stundenlang am Fenster stehen. Sie starrte hinüber zur Bergwand, als sehe sie dort Bilder über den kahlen Fels laufen. Da steht sie, dachte er. Oder bin ich es, der dort steht? In der Enge dieser bedrückenden Tage war er mit ihr zu einer Einheit zusammengewachsen. Sie war ihm wertvoller geworden als sein eigenes Leben. Er litt, als sie immer öfter drohte, sich umzubringen. Er wusste, dass ihr ernst damit war. Einmal kam er noch rechtzeitig dazu, um zu verhindern, dass sie, den Kopf in der Schlinge, vom Stuhl sprang. Er wusste, dass er sie in eine Klinik hätte einliefern müssen. Doch er konnte sich und ihr das nicht antun.

Auch Otto schien, er nehme zwischen den dämmrigen Büschen beobachtende Augen wahr. Einmal sah er einen Gewehrlauf.

Am Abend klopfte es tatsächlich ans Küchenfenster. Zwei Gendarmen verlangten Auskunft. Wo sie sich gestern aufgehalten hätten? Otto konnte beweisen, dass sie am Vortag nicht ausgegangen waren. Die beiden Gendarmen wollten wissen, wo Erich Mühsam, Johannes Nohl und Ernst Frick sich aufhielten. Sie nannten noch andere, in der Gegend bekannte Anarchisten. Er wisse nicht, wo sie wohnten, wehrte Otto die Fragen ab. Er lebe gezwungenermaßen sehr zurückgezogen, denn seine Partnerin sei schwerkrank. Die Gendarmen blickten auf Sophie, das schien ihnen genug zu sagen, sie verabschiedeten sich und nahmen die Straße Richtung Ronco.

Anderntags stand in der Zeitung, dass der Portier vom Monte Verità überfallen worden war.

Auch Sophie war überzeugt, dass sie in ihrer Waldmühle überwacht würden. Nachts hörte sie das Unterholz knacken, sie hörte Stimmen, sah im Finstern tanzende Laternenlichter. Dass es sich bei ihrer Beobachtung um keine Wahnidee handelte, erfuhr Otto kurze Zeit später, als er den Wortlaut des väterlichen Testaments zu sehen bekam: *Ich bemerke, dass es nur deshalb möglich war, meinen geisteskranken Sohn nicht unter Kuratel zu setzen und ihn nicht zu internieren, weil es mir mit Hilfe gütiger Freunde, namentlich höher gestellter Justiz- und Polizeibeamter (...) gelungen ist, eine mühsame Überwachung meines Sohnes einzuleiten und ihm so eine Art von Freiheit zu lassen.*

Sophie hasste es, in der Waldmühle von Otto abhängig zu sein, in den feuchten Mauern begann sie Stimmen zu hören. Sie sehnte sich danach, zu sterben, eine Todessehnsucht, die Otto ihr auszureden versuchte. Er gab sich Mühe, sie ins Leben zurückzurufen. Im Februar 1911 war sie sicher, schwanger zu sein, ein Umstand, der bei der Art von Ottos Therapie nicht weiter erstaunlich war. Und doch stürzte diese Einsicht das Paar in Verzweiflung. Sophie hatte mit ihrer Erkrankung nicht einmal die Kraft, für sich selbst zu leben, wie sollte sie da ein Kind zur Welt bringen und es ernähren können? Sie bat Otto um den Tod. Inständig bat sie ihn um diese Gnade.

Otto hielt das für den äußersten Liebesdienst, den er der Kranken erweisen konnte. In der Annahme, der Fall Lotte

Chatemmer aus dem Jahre 1906 sei vergessen, ging er mit seinem Ärzteausweis in die Farmacia Maggiorini in Locarno.

Als das Gift zu wirken begann, ergriff ihn Panik, und er ließ Sophie in ein Krankenhaus bringen. Es war zu spät, sie starb.

Otto Gross geriet in einen schockartigen Zustand: Da lag es in der Todesstarre, sein Alter Ego, sein anderes Ich. Und stellvertretend mit Sophie schien ihm, das Schicksal habe ihm auch alle anderen Frauen weggenommen: Else Jaffé und Frieda Weekly, Elisabeth Lang und Rega Ullmann.

Der Fall erregte in der *Tessiner Zeitung* Aufsehen, in der Ausgabe vom 4. März 1911 war unter dem Titel *Mysteriöser Selbstmord* zu lesen:

In Ascona erkrankte vor zwei Tagen eine deutsche Dame unter den Anzeichen schwerster Kokainvergiftung. In hoffnungslosem Zustande wurde sie ins Spital von Locarno überführt und starb gestern Freitag. (...) Der Fall ist sensationell und höchst interessant. Die Verstorbene, Tochter eines angesehenen Professors aus München, lebte hier in Begleitung eines mysteriösen Dr. Gross, von dem man nur so viel weiß, dass er bereits in Deutschland verheiratet ist und schon einige Male in Ascona wohnte. Auch damals, als sich Lotte Chatemmer vergiftete, wohnte er hier. Seines Berufes Mediziner, steht ihm natürlich das Recht zu, Rezepte zu verschreiben, und in diesem Falle rezeptierte er einige Gramm des besagten Giftes, das in der Apotheke Maggiorini behoben wurde. Nach Aussage des Dr. Gross sollte das Medikament dazu dienen, um die Zahnschmerzen seiner Begleiterin zu lindern. Statt aber das Gift auf den Zahn zu träufeln, setzte die Unglückliche das Glas an die Lippen und trank es aus. So lautete die Darstellung dieses Dr. Gross, der übrigens bereits Locarno verlassen hat und der heute an der Beerdigung fehlte. Gross lebte mit seiner Begleiterin nicht durchwegs in bestem Einvernehmen. Die beiden wurden sogar in öffentlichen Restaurationslokalen bei heftigem Wortwechsel angetroffen.

Dr. Gross machte infolge seines eigentümlichen Auftretens und seiner noch sonderbareren Gepflogenheiten allgemeines Aufsehen. Das Paar wurde aus verschiedenen Restaurants in Locarno verwiesen. Gross trug in der Regel ein großes Heftpflaster auf der Nase, und seine Züge bleiben auch dem vergesslichsten Beobachter unverwischlich im Gedächtnis haften.

Otto war am Tag der Beerdigung von der Bildfläche verschwunden, er hatte sich selbst in die Psychiatrische Klinik von Mendrisio eingewiesen. Sein Vater in Graz, der telegraphisch verständigt worden war, schrieb an den Direktor der Anstalt, man möge dem Sohn *alle Bequemlichkeiten und Erleichterungen* bieten. Drei Wochen später ließ Hans Gross den Sohn in die Wiener Anstalt Steinhof versetzen für eine Morphin-Entziehungskur.

Befreit von den Mauern des Steinhof, blieb Ottos Leben weiterhin unfrei, in Wien und Zürich wurde er wegen angeblicher anarchistischer Umtriebe polizeilich gesucht. Erich Mühsam, der Gross in Zürich begleitete, notierte in sein Tagebuch: *Sophie Benz' Tod frisst furchtbar an dem armen Menschen. Er hat alles verloren mit ihr, was ein Mensch überhaupt verlieren kann, und oft sah ich ihn in diesen Tagen um die Geliebte weinen. Schrecklich ist auch die Kokainsüchtigkeit bei ihm. Ewig auf dem Sprung zur Apotheke, ewig mit der Schachtel in der Hand und mit dem Kiel in der Nase, die immer verletzt und mit Salbe verschmiert ist. (...) Es gelang mir auch allmählich, die Selbstvorwürfe, die er sich wegen Sophie gemacht, zu entkräftigen. Jedenfalls bin ich jetzt darüber sicher orientiert, dass er nicht bloß nicht die Anregung zum Selbstmord gegeben hat, sondern seit langer Zeit bei Sophie gegen die Tendenz gearbeitet hat, ihn zu begehen.*

6

Rilke war nun Regas Mentor, das gab ihr Selbstvertrauen, ja selbst eine gewisse Würde. Angeregt von Rilke nannte sie sich von nun an ausschließlich Regina.

Rilke, ein homme à femmes? Im Café Stefanie sprach man darüber mit schlecht verhohlenem Neid: Reiche Damen schlürfen seine Gedichte wie Austern. Laden ihn in ihre Villen und Schlösser ein, die Thurn und Taxis zum Beispiel lässt ihn auf Duino dichten! Und Eleonore Duse? Die reist mit ihm nach Venedig, führt ihn in einer Gondel spazieren, rezitiert auf dem Canale Grande seine Gedichte …

Dass er auf so herzliche Weise mit der Ullmann umging, konnte sich niemand, am wenigstens Regina selbst erklären, denn Rilke hatte tatsächlich genug Freundinnen, schöne, die seine Geliebten waren, und reiche, die ihn sponserten. Regina gehörte zu keiner dieser beiden Kategorien von Frauen, vielleicht liebte er sie gerade deshalb?

Wie einsam er trotz der Verehrerinnen war, konnte nur sie, die Einsame, erspüren. Wie schwer er sich tat, um seine vielgelobten Verse zu schreiben, erahnte nur sie, die Wortkarge. Nur sie, die Langsame, die Bedächtige, konnte ihm glauben, dass er das seelenlose, immer schneller vorangetriebene Leben der feinen Gesellschaft hasste. Sie wusste, dass ein Dichter einsam sein musste, um ein Werk zu schaffen, doch die von Rilke geliebten Frauen verstanden nicht, wenn er nach einer kurzen Zeit der Nähe wieder auf Distanz ging. Um ohne existenzielle Sorgen schreiben zu können, war er auf Mäzeninnen angewiesen, das demütigte ihn zutiefst. So liebte er es an Regina, dass er sich an ihr großzügig erweisen konnte, denn mit dem Blick des selbst Bedürftigen hatte er ihre Not erkannt und schob ihr und ihrer Mutter monatlich, ohne Aufhebens, einen kleinen Betrag zu.

Regina ahnte nicht, wessen Geld er für sie abzweigte, sie empfand weniger die materielle Gabe als seine stete Zuneigung als Geschenk. In diesen Jahren ging sie auf Rilkes leiseste Vorschläge ein, befolgte sie wie ein Orakel, eine Anleitung zum Glück: *Ich tue unrecht, Dich Freund zu nennen, denn Du bist ein guter Geist für mich, weit über mir, dem ich zu meinem Glück gehorche.*

Sie klagte dem Freund, dass sie keine Inspiration mehr finden könne. Er riet ihr, wieder mehr Kontakt zur Natur zu suchen, Landluft müsse sie atmen wie damals, als ihr der bisher schönste Text geglückt sei, die *Feldpredigt: Man muss bei Tag Kühe sehen, um eine solche Ruhe und Lagerung in den Wortschichten zu erreichen, Kühe und Menschen, die nicht, wenn man sie anrührt, in einen Haufen Worte auseinanderfallen.*

Rega mietet in Burghausen über der Salzach einen Wohnturm und bezieht ihn, zusammen mit der Mutter, im Kriegsjahr 1915. Um noch näher an der Natur zu sein, züchtet sie Bienen. Darüber hinaus, immer in Befolgung von Rilkes Rat, beginnt sie eine Lehre in der Handelsgärtnerei Bergmann. Der Gärtner sieht ihre feinen weißen Hände, hört, dass das Fräulein mit dem breitrandigen Sonnenhut dichtet, und wagt der Zartfühlenden nur die schönen Arbeiten zu geben. Trotzdem fällt sie nach dem Aufenthalt in der frischen Luft abends todmüde ins Bett, an das Dichten ist nicht mehr zu denken.

Hat sie endlich ein paar Tage frei, so rückt sie das von Rilke geschenkte Stehpult ans Fenster. Hört außen an der Wölbung des Turms die Bienen summen. Sie liebt diese emsigen Sammlerinnen, in ihrer Nähe sammelt die Dichterin Wörter. Im Schwarm fliegen ihr die Silben zu wie damals dem seltsamen Kind im Vorgarten des St. Galler Hauses.

Die Wörter sind Klang, sind Nektar, sind Leuchten. Sie schließt die Augen, verharrt still in diesem Worttreiben. Am Abend steht sie immer noch vor einem leeren Blatt.

Dass der idyllische Turm nicht allein, sondern mitten im Weltgeschehen treibt, erfahren Regina und ihre Mutter immer wieder durch die zahlreichen Besucher. Rilke klagt über die Einschränkungen der Kriegszeit, die ihn zwingen, in München zu bleiben, als Österreicher darf er nicht nach Paris zurück. Reginas Gärtner kommt und berichtet, er werde zum Militärdienst eingezogen, von nun an gebe es bei Bergmanns mehr zu tun. Die Lebensmittel werden knapp, Regina wird mit der Freundin Editha Klipstein, die lange im Turm zu Gast ist, Streifzüge aufs Land machen, um Eier und Speck aufzutreiben.

Else Jaffé, immer etwas gehetzt, schaut dann und wann herein. Sie wohnt nun, von Jaffé getrennt, in Wolfratshausen südlich von München, die Ferienwohnung ihres Liebhabers Alfred Weber ist in der Nähe. Doch auch Max Weber, der seine Lieblingsschülerin immer noch bewundert, lässt sich oft blicken, ist er doch Pate des kleinen Peter, des Sohns von Otto Gross, und kann so ein bisschen gutmachen, dass er damals, die Einrichtung der Ehe verteidigend, Ottos Artikel für das *Archiv* abgelehnt hat.

Doch die wichtigsten Besucher sind Reginas Kinder. Sie kommen sonntags aus Feldkirchen. Rega, die Sonntagsmutter, bäckt Mohnbrot und Kuchen. Die Töchter stellen sich zur Begrüßung auf die Zehen, drücken einen scheuen Kuss auf die mütterliche Wange, Regina streicht mit den an Zärtlichkeiten nicht gewöhnten Fingern über ihre Blondschöpfe. Ihre leibliche Mutter ist nicht eine gewöhnliche Frau, sie ist etwas Besonderes, das wissen die Kinder, das hat man ihnen gesagt, sie wollen bei ihr also alles recht machen. Gerda ist nun neun, Camilla sieben Jahre alt.

Die Kinder wohnen auf Anregung von Else Jaffé nun beide in Feldkirchen bei der Familie Gebelein. Der Mann ist Leichenbestatter, die Pflegemutter tüchtig, eine mütterliche, ländliche Schönheit, das Paar hat selbst ein Kind in Camillas Alter. Ideal also. Rega könnte eigentlich beruhigt sein. Else Jaffé, die großzügige, trägt die finanziellen Lasten. Die Alltagsmutter berichtet aus Feldkirchen, dass es gut gehe mit den Ullmann-Töchtern. Die ältere, Gerda, ist ein sanftes, anschmiegsames Geschöpf, die kleine Camilla ebenfalls brav, doch weniger einfach zu behandeln.

Gewissensbisse plagen die Ullmann, dass sie die Kinder fern von ihr aufwachsen lässt. Noch immer steht sie, was das Geld betrifft, nicht auf eigenen Füßen. Mutters kleine Rente reicht nicht einmal für zwei, es sind 40 Dollar, die sie noch immer als Kriegswitwe dank Vaters Einsatz vor Jahrzehnten im Sezessionskrieg aus Amerika bekommt. Auf Rega lastet weiterhin der Druck, sich schreibend beweisen zu müssen.

Sie fühle sich schuldig, dass sie den Kindern nichts habe geben können als das bloße Leben, schreibt sie an Rilke. Er, der aus der Worpsweder Ehe mit Clara Westhoff eine Tochter Ruth hat, für die er wenig tut, tröstet: *Unser Unrecht, Regina, liegt, glaub mir, nicht so sehr darin, den Kindern nicht mehr als das pure Leben geschenkt zu haben, als vielleicht darin, dass wir überhaupt Kinder hatten, während unsere Verantwortung schon vorher anders belegt und vergeben war (...) Dabei liegt es für Dich noch leichter als für mich, denn als Frau hättest Du vermutlich, ohne die Mutterschaft, nie ganz zur Reife kommen können, ich meine zu jener Vollzähligkeit der inneren Natur, auch in Deiner Arbeit nicht.*

Im Frühsommer soll Camilla wieder einmal einen Besuch machen bei Else Jaffé in Wolfratshausen. Auch Rega ist zu dem Kinderfest eingeladen. Elses Idee ist es, die Kinder von Otto Gross zusammenzubringen: Friedas legitimen Sohn Peter, Elses illegitimen Peter und Ottos Töchterchen Camilla Ullmann.

Das Haus heißt Villa Vogelnest. Etwas beklommen sitzt die Ullmann auf dem Balkon in der Kinderschar, auch Rilke ist mit einer Kutsche aus München gekommen. Im Hintergrund der zusammengewürfelten Familie das noch verschneite Panorama der Alpen. Auf dem Tisch stehen die Dinge eines gutbürgerlichen Haushalts, silberne Teekanne, Zuckerdose, Zuckerzange, Porzellantassen. Gegenstände, in sich ruhend. In dieser festgefügten Welt scheint, obwohl in Europa Krieg ist, nichts zu wanken. Doch die Kinder, während sie vom Kuchen essen, stellen diese Wirklichkeit in Frage.

«Warum heißt das Holzpferd Pferd, ist das nicht Lüge?» Eine Frage aus dem Mund von Elses siebenjährigem Peter. Er ist ein Traumkind, das keine Anhänglichkeit kennt. Mit einer dünnen, durchdringenden, fast überkippenden Stimme will er ständig Dinge wissen, über die man sich nur wundern kann.

«Mutter, wer ist unser Hund?»

«Ach, wie meinst du das, Peter?»

Die Kinder gehören noch nicht zu uns, denkt Rega. Fremdlinge sind es. Am ehesten gehören sie zu den Bäumen, zum Bach, zu den Wolken.

Ottos Sohn mit seinem schulterlangen blonden Haar, den bohrenden dunklen Augen, die Dinge sehen, die sonst niemand sieht. Rega wagt es nicht, ihn wie andere Kinder anzusprechen. Fast unwirklich, dass Otto, in der Gestalt eines Kindes, wieder unter ihnen sitzt.

Ein Vierteljahr nach dem Kinderfest, Mitte Oktober. Die Tage sind in Burghausen noch sommerlich warm, in der Gärtnerei Bergmann blühen die Astern.

Der Postbote bringt einen Eilbrief. Else Jaffé berichtet: Der kleine Peter ist an dem in Wolfratshausen grassierenden Scharlachfieber gestorben.

Trauer fällt wie frostiger Regen, bringt die Ereignisse um Otto Gross zurück, wie schwer, die geprüfte Freundin zu trösten. Den Kranz, den sie für das kleine Grab geflochten hat, schickt sie nicht ab. Schließlich schreibt sie an Else, Ottos Peter vor Augen: *Er war wie ein Lichtstrahl, der zu irgendeiner Zeit zufällig über Dinge fällt, und nun soll dieses kleine Fenster zugemauert werden.*

Rilke, ebenfalls durch diese Nachricht aufgewühlt, schreibt das *Requiem für einen Knaben.*

(…) Keinen hatt ich lieb.
Liebhaben war doch Angst – (…)
(…)
Denn dass wir alle so beisammen saßen,
das hab ich nie geglaubt. Mein Ehrenwort.
Ihr spracht, ihr lachtet, dennoch war ein jeder
im Sprechen nicht und nicht im Lachen. Nein.
So wie ihr alle schwanktet, schwankte weder
die Zuckerdose, noch das Glas voll Wein.

7

Unterdessen lebt der legale Sohn Peter Gross in Ascona bei seiner Mutter und ihrem illegalen Partner Frick. Die Wildnis rund um Fricks Steinhaus ist ein Kinderparadies: sprudelnde Bächlein, Brücken, im Unterholz Büsche aus Kirschlorbeer. Zwischen den metallischen Blättern finden sich prächtige Verstecke. Fotos zeigen den siebenjährigen Peter mit der dreijährigen Halbschwester Eva Verena und dem frickschen Haustier, einer schwarzen Ziege.

In diese Zeit fällt der Besuch von Frieda Weekly bei ihrer Freundin Frieda Gross in Ascona. Die Weekly scheint Otto Gross' Idee von der erotischen Revolution zu verwirklichen. Sie wird das viktorianische Nottingham und den ungeliebten Gatten verlassen und mit dem englischen Schriftsteller D.H. Lawrence zusammenleben, sie wird ein Vorbild für seine berühmte Lady Chatterley.

Ascona hat die Besucherin wohl ein bisschen enttäuscht. Bis in die englischen Salons war die Kunde gedrungen, auf dem Monte Verità tummelten sich nackte Menschen. Frieda, neugierig auf die Naturburschen, begegnete schließlich hinter einer der Lufthütten nur einem alten Adeligen im Lendenschurz, der schwitzend ein Kohlfeld umgrub. Um dies zu sehen, hatte sie ein Eintrittsgeld bezahlt und eine Postkarte erstehen müssen mit dem Aufdruck *Die Schande hat uns gekleidet, die Ehre wird uns wieder nackt machen*. Auch das in wilder Ehe lebende Paar Gross-Frick enttäuschte. Ohne die Zuschüsse von Hans Gross musste sich die Familie in ihren alltäglichen Bedürfnissen einschränken, zudem wurde die Beziehung des Paars durch dauernde Polizeiverhöre belastet.

«Frick ist der bessere erotische Partner für dich», hatte Otto zu seiner Ehefrau Frieda gesagt, als er sie dem Freund überließ. Wie immer die Wirklichkeit auch aussah, das erotische Verhältnis trug Früchte: Schon 1910 war die kleine Eva Verena zur Welt gekommen, und man sah Frieda jetzt am Abhang des Monte Verità fast immer schwanger, noch zwei weitere Töchter folgten in kurzem Abstand.

Hans Gross war nicht nur in Rage über die *illegale Fruchtbarkeit* der Schwiegertochter, er geriet auch in ernsthafte Sorge wegen seines beträchtlichen Erbes, das nicht unter die Sprösslinge eines Anarchisten verteilt werden sollte. Es musste sofort bewiesen werden, dass Eva Verena nicht die Tochter seines Sohnes war, ein Punkt, über den sich Otto wie Frieda zugunsten der kleinen Eva beharrlich ausschwiegen. Die Zeugung, so rechnete Hans aus, hatte neun Monate vor der Geburt in Ragusa stattgefunden, wo Otto mit Frieda, Frick und dem kleinen Peter in den Ferien war. Der Kriminologe suchte nun Zeugen, die aussagen sollten, Frieda habe damals Fricks Zimmer geteilt. Als «Bettschnüffler» wurde unter anderen ein Werkarzt aus Ragusa beigezogen, doch der aufgeregte Schwiegervater bekam trotz großem Aufwand keine schlüssige Antwort. Dennoch stand für ihn fest: Eva Verena ist die Tochter von Ernst Frick, sein alleiniger Erbe bleibt Ottos legaler Sohn Peter.

Die Wut trieb den beleidigten Schwiegervater zu weiteren Sanktionen. Nicht nur beantragte er beim Bezirksgericht Graz, Friedas Tochter für unehelich zu erklären, er verlangte auch, Vormund seines Enkels Peter Gross zu werden. Mit List und polizeilicher Hilfe müsse man das Kind der Mutter wegnehmen und aus Ascona entführen, da die Erziehung des Jungen bei dem *anarchistischen Gelichter* nicht garantiert sei. Der Schweizer Bundesanwalt Otto Kronauer sympathisierte mit dem Plan, schob die Ausführung jedoch dem Bezirksgericht Graz zu.

So wurde das südliche Paradies von Frieda Gross von der Angst überschattet, sie müsse ihr Kind dem mächtigen Schwiegervater ausliefern. Das Bezirksgericht Graz ging zuerst auf den Antrag des berühmten Bürgers ein, später wurde der Beschluss auf einen Rekurs hin rückgängig gemacht. In einer Pressekampagne hatten Ottos Freunde, voran Erich Mühsam und der Schriftsteller Franz Jung, den Fall aufgegriffen. Als Otto Gross einen Aufruf in der Zeitschrift *Zu-*

kunft veröffentlichen konnte, zog die Aktion weitere Kreise, namhafte Kulturschaffende schlossen sich dem Protest an und wehrten sich für das Kind von Frieda Gross. Amtlich wurde schließlich festgestellt, Frieda sei in der Lage, die Vormundschaft über ihren Sohn selbst wahrzunehmen, vermutlich als Zugeständnis an Hans Gross wurde ihr ein Mitvormund beigegeben.

Doch der Einfluss des Kriminalpsychologen Hans Gross dauerte unvermindert an. Auf sein Betreiben hin wurde sein Sohn Otto zwangsinterniert in der Privatanstalt Tulln bei Wien, und er wurde durch das k.k. Landgericht Graz entmündigt. Hans Gross erreichte es 1914 tatsächlich, als Kurator oder Vormund seines Sohnes eingesetzt zu werden.

Nicht einmal in seinen Albträumen hatte sich Otto das vorgestellt: durch eine wegen Wahnsinn verhängte Kuratel zu schrumpfen auf die Handlungsfähigkeit eines Siebenjährigen und als Entmündigter nochmals unter die Fuchtel des allmächtigen Vaters zu geraten. Seinem Vater oblag es, alle Geschäfte des Entmündigten zu erledigen. Hans Gross hatte es in seiner zu Hass pervertierten Liebe geschafft, den Sohn wieder bei der Hand zu nehmen wie damals, als er den kleinen blonden Hoffnungsträger, sein verlängertes Ich, durch die Straßen von Graz führte.

Otto, dem Zwangsinternierten, blieb nur noch das Schreiben. Aus der streng verschlossenen Zelle in der Privatanstalt Tulln ließ er einen Aufruf schmuggeln, den Maximilian Harden, Schriftleiter der angesehenen Zeitschrift *Zukunft*, publizierte: Als Entmündigter sei er ohnmächtig. Deshalb der Appell an die Öffentlichkeit, Frieda Gross im Kampf um ihr Kind beizustehen.

Hans Gross sah jetzt seinen Fall in das Rampenlicht der Öffentlichkeit gezerrt. Der Sicherheit wegen ließ er Otto in die schlesische Irrenanstalt Troppau verlegen, dort sollte die Anstaltsleitung Frieda Gross jeden Kontakt mit ihrem Mann verbieten. Doch Frieda Gross ließ sich von einem Besuch in Troppau nicht abhalten. Sie war um diese Zeit eine schwer geprüfte Frau, Fotos zeigen sie mit mürbe gewordenen Gesichtszügen, einem schmerzlich lächelnden Mund. Wenn sie überhaupt je eine glückliche Zeit gehabt habe, so seien es die frühen Ehejahre mit Otto in München und Ascona gewesen, wird sie aussagen.

Auch Otto musste die Begegnung mit Frieda in Troppau aufgewühlt haben. Vielleicht war es in dieser Zeit, wo er den undatierten Brief schrieb, der sich später in seinem Nachlass fand:

Frieda, ich kann das ganze Schicksal meines Lebens in diesen Worten sagen: Ich habe immer über die andern nachgedacht – was ihnen fehlt, wie ihnen zu helfen ist, und niemals über mich selbst. (…) Ich habe immer für die andern getan – allein man kann nichts tun – es liegt im Sein. (…) Ich möchte heute sagen, dass ich beinahe keine Analyse mehr machen möchte als an mir selbst, in jedem einzelnen Moment der Trübung zwischen mir und einem andern Menschen, in jedem Augenblick gehemmten Liebens zuerst an mir selbst. Ich habe immer nachgedacht, was ich den andern Menschen zu sagen hätte. Ich glaube, dass man dem andern von selbst das Richtige sagen wird, wenn man gefunden hat, womit man selber ihn leiden macht und worin man an sich selber leidet.

Du hast so schwer an mir gelitten, Frieda – ich habe nie daran gedacht, in mir, in meinem Unterbewussten darnach zu suchen, woran Du leidest. Ich habe nachgedacht, wie ich Dir helfen soll, Dich selber zu finden, und habe nicht einmal gewusst, dass ich mich selbst nicht kenne. Dein Otto

8

Der Krieg hatte Regina ihren Turm weggenommen, in Burghausen hieß es, man brauche ihn zur Einquartierung von Militärpersonen. Doch der neue Wohnort, Röhrmoos bei Mariabrunn, zeigte bald Vorteile. Regina konnte ein stattliches Bürgerhaus bewohnen, dem sein Besitzer, ein russischer Maler, den euphorischen Namen «Roséschlösschen» gab. Hier war mehr Atemluft als im Turm: *O wie schön ist es da, wie weit und würdig*, stellte sie fest.

Ein paar Wochen lang bringt sie es zustande, hier ohne ihre Mutter zu leben. Eine wohltuende Stille. Zwischen ihr und den Gegenständen im Haus weben sich Beziehungen. Heimliches und Unheimliches: Der Holzstuhl in der Ecke erzählt von Russland, die Wanduhr vertickt ihre Lebenszeit, der alte Spiegel füllt sich mit Szenen. Dass sie Gegenständen ihre Seele leiht, war schon in der Kindheit so: *Ich habe eine Seele ohne Leib in jedem Gegenstand, einen Wohnsitz in jedem Geräusch, in jeder Handlung.*

Ab und zu erfährt sie durch Else Jaffé von Ottos schwierigem Leben. Dann erwähnt Regina in ihren Briefen jähe Zusammenbrüche, Depressionen: *Doch dann erstarrt wieder alles in innerem Schrecken.* Kann es sein, dass auch ein Teil ihrer Seele noch anwesend ist in Ottos Leben?

Mit der Mutter lässt sich darüber nicht reden. Das unvermeidliche Zusammenleben mit ihr bleibt auch in den kommenden Jahren eine Belastung, davon zeugen die an Rilke gerichteten Zeilen: *Schreibe doch meiner Mutter wieder ein Wort. Dämme ihre Herrschsucht ein mit einer freundlichen Ermahnung.* Und an anderer Stelle: *Sie ätzt mit einer Art tausendjähriger Steinschrift mir ihre Angst in meine Seele. (Sofern ich eine habe.)* Und an Editha Klipstein: *Mutter altert sehr, wenn sie aber böse wird, hat sie eine Macht wie ein alter Chinese. Wäre sie nicht mehr, so würde mein Pol fehlen.*

1919 erscheinen im Insel Verlag die von Rilke handverlesenen Gedichte, der Verlag setzt achtzig Bücher ab, Regina bleibt finanziell abhängig von der mütterlichen Rente.

Weihnachten 1919. Camilla hat das Fest bei Else in Wolfratshausen verbracht, Gerda bei ihren Pflegeeltern in Feldkirchen. Nun erwartet Regina die Kinder am Neujahrstag 1920. In Vorfreude richtet sie noch einmal den Weihnachtsbaum, steckt neue Kerzen an, ziert ihn mit Nüssen und selbstgemachten Modeln aus dem Wachs der Burghausener Bienen.

Die Kinder treffen am späten Nachmittag ein, blau verfroren und durcheinandergerüttelt von der Kutschfahrt. Die Mutter reicht ihnen zum Aufwärmen in der Küche heißen Punsch und Zimtkuchen. Die Töchter bewundern das Roséschlösschen, obwohl sie Türme und Zinnen vermissen, doch das vornehme Haus passt in ihrer Vorstellung zu der dichtenden Mutter.

Im Wohnzimmer mit dem erleuchteten Christbaum kann sich die vierzehnjährige Gerda kaum sattsehen an den Schäfchen, Krippen und Herzen aus goldgelbem Wachs. «Wie hast du die nur gemacht, Mutter?» Regina lächelt. Sie nimmt das schönste der Model, ein Christkind, an seinem goldenen Faden vom Baum und legt es Gerda in die Hand. Gerda strahlt. Sie sieht lieblich aus mit ihren um den Kopf gebundenen blonden Zöpfen, dem rundlichen Apfelgesicht.

Camilla hingegen zeigt sich nicht sonderlich beeindruckt vom Weihnachtsbaum, bei Jaffés ist ein noch größerer und reicher geschmückter gestanden. Unglaublich, wie sehr sich die Jüngere gestreckt hat, Regina hat sie im dunklen Flur

Bemerkungen macht: «Dein Vater, der Doktor, sitzt in der Irrenanstalt.»

«Weißt du, Camilla», habe ihr darauf Else erklärt, «deinem Vater geht es inzwischen besser. Er arbeit in einem Kriegsspital und hilft dort vielen an Epidemien erkrankten Soldaten.»

Regina bittet Rilke bei seinem nächsten Besuch um Rat. Im Gegensatz zu Gerda werde das Milieu der Pflegeeltern, auch die Landschule, dem *unbäurischen* Charakter der Camilla nicht gerecht, meint er. Man möge sie von Feldkirchen wegnehmen und in der Odenwaldschule anmelden, für die Kosten komme Else auf.

Als von der Odenwaldschule eine Absage kommt, wird Camilla in die Klosterschule der Salesianerinnen in Beuerberg aufgenommen, später wird auch Gerda hier zur Schule gehen.

Noch lange quälen Regina die Sorgen über das gefährliche väterliche Erbgut ihrer Camilla. In den Briefen an die Tochter stecken Ermahnungen, die Camilla wohl oft beunruhigen und verletzen: *In jedem Menschen, oder zum mindesten in viel, viel mehr Menschen, als man es für möglich hält, ist etwas drin, was leicht verrottet und verwahrlost. Man muss das einkapseln, wie die Bienen in ihr mildes Wachs den Leichnam eines Insekts.*

9

Im Jahr 1915 starb Hans Gross völlig verbittert. Nach dem Tod des Vaters bemühte sich Otto um eine erneute gerichtsärztliche Untersuchung und um Aufhebung der Kuratel. Nur zögerlich, nach einer Frist von weiteren zwei Jahren, milderte das Bezirksgericht Graz das Urteil und wandelte es in eine beschränkte Kuratel wegen Missbrauchs von Nervengiften um. Dabei hatte Otto Gross von seiner ärztlichen Tätigkeit im Epidemie-Spital ein ausgezeichnetes Zeugnis vorzuweisen: Nichts deute bei Gross auf irgendeine Geistesstörung hin. Man verwies im Gegenteil auf seine in den letzten Monaten publizierten hervorragenden Fachartikel.

Otto Gross schrieb gegen den von Jung prophezeiten frühen Tod an, seine innovativen Ideen wollte er durch Publikationen gerettet sehen. Ab und zu hatten sich Jung und Freud, zum Beispiel in der Typenfrage, in früheren Jahren auf die Arbeiten des begabten Kollegen Gross berufen, doch mehr und mehr ließen sie sich von seinen Gedanken ohne Angabe der Quelle inspirieren. Erinnerte man sich an Gross, blieben nur seine Überlegungen zur sexuellen Revolution, die man oft entstellt und ohne Kontext wiedergab. Auf die Hauptthemen der späteren Werke ging man kaum ein: eine durch die Psychoanalyse begründete neue Ethik, die Aufwertung der Frau und die Folgen einer lieblosen Erziehung und kindlichen Einsamkeit.

In der Möglichkeit, sich selbst zu erkennen, liegt der Anfang einer neuen Ethik, die auf dem sittlichen Imperativ zum wirklichen Wissen um sich und um den Nächsten beruhen wird, schrieb Gross schon 1913 in *Die Aktion.* In diesem Sinn sieht er jede Revolution scheitern, wenn sich der Mensch nicht aus seinen alten psychischen Mustern zu lösen vermag.

Nach der Entlassung aus Troppau durchlebte er eine Phase der Kreativität: Im Aufsatz *Über Destruktionssymbolik* wertete er die Träume der Patienten wissenschaftlich aus. Er sah die Beziehung zwischen den Geschlechtern durch Gewalt belastet, da die Gesellschaft die Frau zum Besitz des Mannes degradiere. So fasste er zusammen: *Die bestehende Gesellschaftsordnung ist auf den Verzicht der Freiheit der Frau gestellt. (…)*

Wir glauben, dass jene Revolution die erste und wirkliche sein wird, die Frau und Freiheit und Geist in eins zusammenfasst.

1919 erschienen *Die kommunistische Grundidee in der Paradiessymbolik* und *drei Aufsätze über den inneren Konflikt*. In der *Paradiessymbolik* formulierte er erneut die Vision einer Rückkehr zu einer reinen Sexualität und zu den Werten der Mütter. In den *drei Aufsätzen* war der erste dem Thema Konflikt und Beziehung gewidmet. Der zweite mit dem Titel *Einsamkeit* befasste sich mit der Erziehung: Das kindliche Kontaktbedürfnis wird in der autoritären Erziehung missbraucht als Mittel zur Belohnung und Strafe. Das Kind muss sich fügen, um der Einsamkeit zu entgehen. Das begründet später beim Erwachsenen die innere Zerrissenheit des Individuums, den Konflikt zwischen dem Eigenen und dem Fremden. Der dritte Aufsatz schlug einen Bogen zu dem Essay von Hans Gross, *Degeneration und Deportation*. Gehen die väterlichen Thesen dahin, dass der Unangepasste aus der Zivilisation ausgemustert werden soll, so definiert der Sohn den Unangepassten als das Salz der Erde. Der kreative Mensch ist unangepasst.

Das Jahr 1919 verbrachte Gross hauptsächlich in Prag und Wien, wo er in den literarischen Zirkeln um Max Brod, Franz Kafka und Franz Werfel verkehrte. Seine innovativen Ideen legte er in zahlreichen Artikeln dar, er arbeitete auch als Mitherausgeber von Zeitschriften wie *Das Forum*, *Die Erde*, *Rätezeitung*.

Außerhalb der kreativen Phasen gab es immer wieder Zeiten, in denen Otto Gross ganz der Droge verfiel.

10

Im Februar 1920 kam eine Depesche von Else Jaffé nach Mariabrunn: Otto Gross, 42 Jahre alt, ist tot! Halbverhungert und frierend wurde er in Berlin im Durchgang einer Lagerhalle gefunden. Zwei Tage später, am 13. Februar, ist er in einem Sanatorium in Pankow an einer Lungenentzündung gestorben. Regina hielt die Nachricht lange in Händen, sie starrte auf das Papier, die Augen geweitet, tränenlos.

Als sie den Eilbrief weglegte, geriet sie in einen Taumel des Schreibens. Noch nie waren die Gedanken und inneren Bilder so machtvoll und drängend zu ihr gekommen: *Ich lebe ganz inselhaft nur noch von einer Erzählung zur andern.* Hatte die Nachricht von Ottos Tod in ihr eine eiserne Umklammerung gelöst? Wohl im Andenken an eine erste Begegnung mit ihm entstand der Text *Die Konsultation*. Im vergammelten Sprechsaal, der dem Zustand der jungen Patientin entspricht, erscheint eine Art Otto Gross, halb Priester, halb Schauspieler. Ein Arzt, der sich selber aufgegeben hat und trotzdem versucht, anderen zu helfen.

Die wohl eindrücklichste Erzählung jener Zeit, *Von einem alten Wirtshausschild*, hielt Rilke für ein kleines Wunder, für den Beweis, dass er sich in der Begabung der Ullmann nicht täuschte. Das erleichterte ihn, hatte er doch eben beim Insel Verlag bewirkt, dass Regina von 1921 an eine monatliche Geldzahlung bekam. Gedacht war die Summe als Vorschuss für einen Roman, den Regina aber nie fähig sein wird zu schreiben. Nicht nur bei seinem Verlag, auch in vielen literarischen Gremien hat Rilke der Kollegin die Wege geebnet. Etwa 1919, anlässlich einer Lesung in der Museumsgesellschaft St. Gallen. Er trug dem ehrfürchtig lauschenden Publikum ein Gleichnis vor und bemerkte dazu, dass die Dichterin dieser Bilder in ihrer Stadt geboren sei, *da war des Erstaunens kein Ende, und die guten Leute sahen sich ganz erschrocken von Nachbar zu Nachbar an.* Regina Ullmann? Niemand kannte den Namen. Ihr werdet sie bald kennenlernen, prophezeite Rilke.

Regina hatte all die Jahre hindurch das Bild der Geburtsstadt in sich bewahrt. Ob sie wohl in der Schweiz einmal aus ihren Werken lesen könne, erkundigte sie sich bei Rilke. *Die Schweiz ist etwas, was zu mir gehört und was ich mir bis anhin schuldig bin.* Doch nicht nur zu Lesungen, sondern beinahe für den Rest ihres Lebens sollte Regina Ullmann in die Geburtsstadt St. Gallen zurückkehren. Diese Rückkehr gelang der zum Katholizismus konvertierten Jüdin im letzten Moment kurz vor dem Zweiten Weltkrieg, 1950 verlieh ihr St. Gallen das Bürgerrecht.

Unterdessen hatte Gerda in Feldkirchen einen Gärtner geheiratet und Kinder bekommen. Camilla, wohl angeregt durch ihre selbständige Tante Helene, erlernte in England und in Hamburg die Krankenpflege. Nun machte sich Regina keine Sorgen mehr über das väterliche Erbgut: *Ich sehe Camilla, die prächtig geworden ist und mir recht viel Freude macht,* steht in einem Brief an Grete König, und an anderer Stelle: *Camilla ist fleißig, einfach und fröhlich und doch so gescheit.*

Camilla, *das liebe teure Illachen,* pflegte ihre Mutter während ihrer letzten Krankheit im bayerischen Eglharting bei Kirchseeon bis zum Tod im Jahre 1961.

Einmal, als die Kranke still dalag, bat Camilla: «Mutter, erzähl mir von meinem Vater.»

Die Mutter hob den Kopf, strengte sich an zu sprechen, rang um Atem. Doch nichts kam über ihre Lippen.

Über Verflossenes kann man berichten, man erkennt die Vernetzungen, das System des Ablaufs, Ursache, Wirkung.

Man findet einen Erzählton. Durch das Erzählen wird Vergangenes entschärft, es wird übersichtlich, griffiger. Über Gross kann Regina nicht berichten, das Vergangene ist noch nicht vergangen.

«Hast du meinen Vater geliebt, Mutter?»

«Wärest du denn sonst da?», antwortet eine brüchige Stimme.

Camilla, der lebendige Beweis, dass alles einmal war. Aus der Zweiheit ist ein Drittes in die Zukunft gewachsen. Eigenständig.

«Erinnerst du dich an ihn, Mutter?»

Regina kommen Tränen.

Camilla spürt, sie muss die Gefühle der alten Frau schonen.

Wie stark diese Erinnerung ist, hat Regina thematisiert in ihrem nie veröffentlichten Romanfragment *Girgel und Lisette:*

... denn ihr Zeitmaß ist das Immerwährende, was wir nicht mehr vergessen machen können, was eben darum diesen quälendsten aller Schmerzen verursacht: den Liebesschmerz. Wie könnte man auch vergessen! Ja, noch mehr, wie möchte man je vergessen wollen ...

Beim nächsten Besuch bei Else Jaffé in Wolfratshausen möchte Camilla wissen, warum Otto Gross trotz seiner Irrtümer geliebt wurde.

«Weißt du», sagt Else, «dein Vater war für uns alle wichtig. Er hat über Lebensmodelle nachgedacht, die das Miteinander freier, offener und ehrlicher machen. Nach seinem Tod erschien kaum ein Nachruf, heute ist er vergessen. Doch man hat seine Ideen kopiert, selbst Berühmtheiten haben sie ohne Quellenangabe benutzt.»

«Hast du ihn auch geliebt, Else?»

Sie nickt. Schweigt eine Weile nachdenklich. Sagt dann:

«Du als seine Tochter sollst wissen, warum ich, warum deine Mutter, warum viele Otto Gross geliebt haben. Das Besondere an ihm war seine leidenschaftliche Hingabe, mit der er einem Menschen helfen wollte. Es galt, seine innere Wahrheit, die verschüttet lag unter der Konvention, aufzuspüren und freizulegen. So hat Otto in vielen das Selbstvertrauen gestärkt, indem er ihnen immer wieder sagte: ‹Du bist fähig, dies oder das zu machen. Steh zu deinem Eigenen! Du *bist* das!›»

«Also nicht nur ein gefährliches Erbe, wie mir viele zu verstehen gegeben haben?»

«Camilla, wenn ich dich am Krankenbett deiner Mutter erlebe, dann spüre ich viel von Otto. Von seiner Hingabe, von seiner Intensität und Menschenliebe.»

fließt«, ergänzt Sophie. »Wir wollten aber, dass du es weißt, und haben einen Anwalt und einen Detektiv beauftragt, nach deinen Eltern zu suchen.«

Luke erinnert sich daran, wie er Cecil und Sophie kurz nach dem entscheidenden Rennen der letzten Saison, das er verloren hatte, vor der Kanzlei eines Anwalts gesehen hatte. Er hatte befürchtet, dass die Heavens sich scheiden ließen, aber im Trubel der vergangenen Wochen war die Sache dann untergegangen.

Mit einem übertriebenen Räuspern erhebt Mohinder Jangal sich vom Tisch. »Ähem … Ginger, ich meine, Jinks und ich haben noch einiges zu besprechen, wie wäre es mit einem Spaziergang, liebe Nichte?«, schlägt er vor.

Jinks würde alles dafür geben, wenn sie bei Luke bleiben könnte, um zu hören, was Luke und dieser Rodenberg zu besprechen haben. Da sich jedoch die Heavens schnell aus der Küche verziehen, folgt sie ihrem Onkel ebenfalls.

»Warum hast du, habt ihr mich zur Adoption freigegeben?«, ist das Einzige, was Luke hervorbringt.

»Deine Mutter und ich waren nur für eine kurze Zeit zusammen. Ich wusste nicht, dass sie schwanger war, als wir uns trennten, und sie hat es mir nie gesagt. Ich ging in die USA zurück und wir haben uns nie mehr wiedergesehen. Kurz nach deiner Geburt hatte sie einen Autounfall und die Heavens haben dich aufgenommen.«

»Muss ich jetzt …«

Luke vollendet den Satz nicht, aber Carl Rodenberg ahnt, was er sagen wollte.

»Die Heavens sind deine Eltern und bleiben es auch. Aber wenn du es willst, bin ich für dich da. In meinem Haus in Kalifornien ist immer ein Zimmer für dich frei. Eine Bedingung habe ich allerdings …«

»Bedingung?«, fragt Luke. Sein Körper wird stocksteif. Er lässt sich nicht gerne Bedingungen stellen, schon gar nicht in einer solchen Situation.

»Sorry, eine Bitte, keine Bedingung!«

»Und die wäre?«

»Mein Unternehmen möchte sich schon lange im Rennsport engagieren, als Sponsor. Wir haben bisher noch nicht das richtige Team gefunden.«

»Was stellt Ihr Unternehmen her?«

Rodenberg verlässt die Küche der Heavens kurz und kehrt mit einem bunt bedruckten Karton zurück, der fast die ganze Tischplatte bedeckt. Luke kann sich ein breites Grinsen nicht verkneifen, als er das reißerische Logo und den Schriftzug, der sich über die ganze Verpackung zieht, erkennt. Er hat als Fünfjähriger zuletzt damit gespielt: *CR-Racing – die heißesten Rennbahnen der Welt*.

»Wir stellen natürlich mittlerweile auch PC-Spiele, ferngesteuerte Rennwagen, Bausätze aller Rennwagen der wichtigsten Rennklassen weltweit her, geben zwei eigene Zeitschriften heraus und sind Betreiber des größten Internetportals für Rennspiele …«

Luke unterbricht den Redefluss des Mannes. Er lacht. »Ich glaube, wir kommen ins Geschäft, *Mister* Rodenberg!«

»Das würde mich sehr freuen, *Mister* Heaven!«

»Aber jetzt brauche ich eine ziemlich große Mütze voll Schlaf.«

Mehr von Frank M. Reifenberg in der Serie »Speedkidzz«:

Speedkidzz – Hart am Limit
Speedkidzz – Auf heißer Spur

Reifenberg, Frank M.:
Speedkidzz – In letzter Sekunde
ISBN 978 3 522 20098 1

Gesamtgestaltung: Sebastian Schulz
Typografie des Serientitels: Steven Bagatzky
Schrift: Myriad Pro, Blade Runner
Satz: KCS GmbH, Buchholz/Hamburg
Reproduktion: Medienfabrik, Stuttgart
Druck und Bindung: Friedrich Pustet, Regensburg

4 3 2 1° 11 12 13 14
www.thienemann.de
www.frank-reifenberg.de

Nachbemerkung und Dank

Als ich 1993 den St. Galler Kulturpreis bekam, wurde mir bewusst, dass dieser alle vier Jahre vergebene Preis erst ein einziges Mal, nämlich 1954, an eine Frau verliehen worden war, an die Dichterin Regina Ullmann.

Ich begann wieder, ihre mich bestürzend modern anmutenden Geschichten zu lesen. «Unter meinen Geschichten ist eine andere Geschichte verborgen», hatte die Autorin in einem kurzen Werkbericht geschrieben. Darauf versuchte ich, mich der Biographie der 1884 in St. Gallen geborenen Dichterin anzunähern, weite Teile dieses Lebens schienen mir von dichtem Nebel verhüllt. Zwar wusste man, dass die zurückgezogen lebende Pensionärin des Marienheims zwei uneheliche Töchter hatte, von den Vätern und den damaligen Lebensumständen war jedoch kaum etwas bekannt.

Die Spurensuche führte mich auf andere Spuren und Lebensgeschichten in Schwabing und Ascona zu Beginn des 20. Jahrhunderts. Regina Ullmann und Otto Gross sind einander in einer bewegten Zeit begegnet. Es wurde mir bewusst, dass beide ihre bedeutenden Werke einem schwierigen Leben abgerungen haben.

Mein Dank geht an den Psychiater Emanuel Hurwitz, Zürich, für die wertvollen Gespräche am Otto-Gross-Kongress im Zürcher Dada-Haus. In seinem Buch *Otto Gross. Paradiessucher zwischen Freud und Jung* befinden sich die Protokolle aus der Anstalt Burghölzli von 1908.

Dem Literaturwissenschaftler Charles Linsmayer, Zürich, verdanke ich zahlreiche Hinweise und Dokumente. Sein anregendes Lesebuch *Regina Ullmann. Ich bin den Umweg statt den Weg gegangen* gibt umfassende Einblicke in Leben und Werk der Dichterin. Es ist sehr erfreulich, dass, zeitgleich zu meinem Buch, Regina Ullmanns erster Band mit Erzählungen, *Die Landstraße*, von Peter von Matt herausgegeben im Verlag Nagel & Kimche erscheint.

Der Ullmann-Kennerin Christina Kargl aus Kirchseeon bin ich dankbar für den anregenden Gedankenaustausch und für die Streifzüge durch das München der Regina Ullmann, ebenfalls Dank meinen Freunden Hille und Rainer Janssen für die Entdeckung des alten Schwabing! Den Ullmann-Archiven (Monacensia München und Vadiana St. Gallen) danke ich für die Vermittlung der Dokumente und Bücher.

Bei den kursiv gesetzten Textstellen handelt es sich um Zitate aus den historischen Dokumenten.